Colección: PEDAGOGÍA
La pedagogía hoy

Valores en evaluación e investigación social

Por

Ernest R. HOUSE
Kenneth R. HOWE

Traducido por

Pablo Manzano

Ernest R. HOUSE
Kenneth R. HOWE

Valores en evaluación e investigación social

EDICIONES MORATA, S. L.
Empresa fundada por Javier Morata, Editor, en 1920
C/ Mejía Lequerica, 12. 28004 - MADRID
morata@infornet.es - www.edmorata.es

Título original de la obra:
VALUES IN EVALUATION AND SOCIAL RESEARCH

© 1999 by Sage Publications, Inc.,
United States, London and New Delhi.
Published by arrangement with Sage Publications, Inc.

e-mail: morata@infornet.es
dirección en internet: http://www.edmorata.es

No está permitida la reproducción total o parcial de este libro, ni su tratamiento informático, ni la transmisión de ninguna forma o por cualquier medio, ya sea electrónico, mecánico, por fotocopia, por registro u otros métodos, sin el permiso previo y por escrito de los titulares del Copyright.

© EDICIONES MORATA, S. L. (2001)
Mejía Lequerica, 12. 28004 - Madrid

Derechos reservados
Depósito Legal: M-39.916-2001
ISBN: 84-7112-455-6

Compuesto por: Ángel Gallardo
Printed in Spain - Impreso en España
Imprime: ELECE. Algete (Madrid)
Cuadro de la cubierta: *Escuela rural,* por Winslow Homer (1871)

Contenido

PREFACIO 13

AGRADECIMIENTOS 16

INTRODUCCIÓN: **El problema de los valores** 17
El argumento de este libro, 20.—*Críticas de otros puntos de vista*, 21.—*La concepción democrática deliberativa*, 24.

PRIMERA PARTE: Afirmaciones de valor 29

CAPÍTULO PRIMERO: **Datos y valores** 31
El continuo hecho-valor, 33.—*Los valores como emergentes*, 38.—*Los valores y la deliberación democrática*, 40.

CAPÍTULO II: **Razonamiento evaluativo** 45
Los destinatarios de la evaluación y los interesados, 49.—*Puntos de vista*, 52.—*Un ejemplo*, 56.—*La deliberación en contexto*, 59.

SEGUNDA PARTE: Críticas de otros puntos de vista 65

CAPÍTULO III: **La concepción heredada** 67
La tesis de la indecidibilidad, 71.—*La explicación de la indecidibilidad de los valores*, 71.—*Ante la indecidibilidad*, 78.—*Persistencia de la tesis de la indecidibilidad de los valores*, 81.—*La concepción emotiva de la democracia*, 84.—*Teorías prescriptivas*, 85.—*Descripción de los medios y descripción de los grupos interesados*, 88.

8 Valores en evaluación e investigación social

CAPÍTULO IV: **La concepción constructivista radical** 93
Caracterización del constructivismo radical, 95.—Datos, valores y epistemología, 100.—La práctica de la evaluación, 110.

CAPÍTULO V: **La concepción postmodernista** 114
Datos, valores y epistemología, 116.—La práctica de la evaluación, 119.—Crítica del postmodernismo, 124.

TERCERA PARTE: Evaluación democrática deliberativa 131

CAPÍTULO VI: **La concepción democrática deliberativa** 133
Evaluación democrática deliberativa, 140.—El requisito de la inclusión, 141.—El requisito dialógico, 143.—El requisito de la deliberación, 145.—Una tipología de perspectivas, 148.—Ubicación de la democracia deliberativa en la teoría política, 151.

CAPÍTULO VII: **Una práctica adecuada** 155
Cuestiones críticas, 157.—Otros ejemplos, 160.—¿A quiénes corresponden los intereses representados?, 160.—¿Están representados los interesados principales?, 161.—¿Se ha excluido a alguno de los interesados principales?, 162.—¿Hay desequilibrios graves de poder?, 163.—¿Hay procedimientos para controlar los desequilibrios de poder?, 164.—¿Cómo participan las personas en la evaluación?, 165.—¿Hasta qué punto es auténtica su participación?, 166.—¿Hasta qué punto es comprometida su interacción?, 167.—¿Se produce una deliberación reflexiva?, 168.—Consideración y alcance de la deliberación, 169.—Un ejemplo hipotético, 171.

CONCLUSIÓN: **El papel de la evaluación en la sociedad** 178
Democracia deliberativa, 178.—Características de la evaluación, 181.—Características de los evaluadores, 183.

BIBLIOGRAFÍA 186

ÍNDICE DE AUTORES 193

ÍNDICE DE MATERIAS 195

OTRAS OBRAS DE EDICIONES MORATA DE INTERÉS 199

© Ediciones Morata, S. L.

*Para Georgia,
¿es eso todo lo que hay?,*

y

en afectuoso recuerdo de Jean

Sobre los autores

Ernst R. HOUSE es Catedrático de la *School of Education* de la Universidad de Colorado en Boulder. Anteriormente, estuvo en el *Center for Instructional Research and Curriculum Evaluation* (CIRCE), de la Universidad de Illinois en Urbana-Champaign. Ha estado, como investigador visitante en la Universidad de California en Los Ángeles, en la *Harvard University* y en la Universidad de New Mexico, así como en universidades de Inglaterra, Australia, España, Suecia, Austria y Chile. Sus principales temas de investigación se centran en las áreas de evaluación educativa y del análisis de políticas y normas educativas. Entre sus libros, podemos citar: *The Politics of Educational Innovation* (1974), *Survival in the Classroom* (con S. LAPAN, 1978), *Evaluating With Validity* (1980; trad. cast.: *Evaluación, ética y poder,* Madrid,: Morata, 3.ª ed., 2000), *Jesse Jackson ant eh Politics of Charisma* (1988), *Professional Evaluation: Social Impact and Political Consquences* (1993) y *Schools for Sale* (1998). Con W. MADURA, recibió, en 1989, el *Harold E. Lasswell Prize* de ciencias políticas y, en 1990, recibió el *Paul F. Lazarsfeld Award for Evaluation Theory,* presentado por la *American Evaluation Association.* Ha dirigido, con R. WOOLDRIDGE, *New*

Directions in Program Evaluation (1982-1985) y ejercido como destacado columnista de *Evaluation Practice* (1984-1989). Ha sido *Senior Fellow* durante el bienio 1999-2000 del *Center for Advanced Study in the Behavioral Sciences* de Stanford.

Kenneth R. Howe es profesor de la *School of Education* de la Universidad de Colorado en Boulder, especializado en deontología educativa y filosofía de la educación. Ha publicado más de 40 artículos y capítulos sobre diversos temas, que van desde el debate entre lo cuantitativo y lo cualitativo en la investigación educativa hasta la defensa filosófica de la educación multicultural. Ha publicado dos libros: *The Ethics of Special Education* (con Ofelia Miramontes) y *Understanding Equal Educational Opportunity: Social Justice, Democracy and Schooling.* Imparte cursos del *Teacher Certification Program* y del *Graduate Program in Educational Foundations, Policy and Practice* en Boulder.

© Ediciones Morata, S. L.

Prefacio

En este libro, nuestra aspiración es reconciliar la teoría de la evaluación con las corrientes al uso en la filosofía contemporánea. Aunque los evaluadores se apropien con regularidad de las ideas de los filósofos, muchas intuiciones importantes de la filosofía de los últimos veinte años permanecen intactas. Por eso, nosotros, un evaluador y un filósofo, hemos emprendido esta tarea conjunta, la cual no consiste sólo en trasladar conceptos de un campo a otro. Los estilos de discurso de ambos campos difieren de forma significativa y, aunque hayamos tratado de suavizar esas diferencias, el lector puede experimentar ciertas "sacudidas" al pasar de un discurso a otro. El discurso filosófico suele ser más denso, más duro y, sí, más irritante que el de la evaluación. Es el legado de SÓCRATES. Pedimos de antemano excusas a quienes podamos ofender con este estilo de análisis más agresivo. Quienes estén acostumbrados a leer filosofía lo encontrarán natural.

Para llevar a cabo esta tarea, nos centramos en la odiosa dicotomía dato-valor, una cuestión fundamental de la evaluación aún no resuelta. Observamos cómo se afronta esta cuestión en la filosofía actual y aplicamos tales ideas a la teoría de la evaluación, añadiendo nuestro propio análisis original al tema. Con esto, no insinuamos que la filosofía tenga todas las respuestas, de ninguna manera. De hecho, a medida que hemos ido elaborando este libro, los límites de la filosofía han ido quedando más claros. Sin embargo, los filósofos han estudiado con sumo cuidado muchos problemas relevantes y la combinación de ideas de ambos campos ha dado como resultado unas perspectivas que no hubieran surgido de otro modo.

Este libro se centra en la teoría de la evaluación y no en la práctica de la misma, aunque señalamos las consecuencias que se derivan para la práctica. Creemos que la teoría se utiliza para justificar e informar la práctica, de manera que, a largo plazo, la teoría marca las diferencias en la práctica. Por su parte, la práctica puede informar la teoría, como ha hecho en muchas ocasiones del pasado. Sin embargo, una vez más, nos interesa reconciliar la teoría de la evaluación con la filosofía, lo que supone que éste no sea un libro recetario. Se trata, en cambio, de un libro que desarrolla una teoría de la evaluación de alcance medio, coherente con el pensamiento contemporáneo en filosofía (si bien de una rama concreta), en especial con el pensamiento sobre la democracia. Una teoría de alcance medio ha de señalar ciertos atributos que deben tener las evaluaciones, sin que tenga que especificar cómo llevarlas a cabo en casos concretos. Así, este libro ofrece una perspectiva sobre la evaluación, en vez de un modelo acerca de cómo efectuarla.

Muchas personas que en la actualidad realizan evaluaciones ya hacen muchas cosas de las que recomendamos por razones que poco tienen que ver con la filosofía formal y mucho con su propia experiencia e intuición. Nosotros vinculamos a propósito nuestras conclusiones teóricas con las prácticas vigentes, cuando podemos hacerlo, para acreditar a quienes han puesto en práctica estas ideas con antelación a nuestro análisis y para demostrar que esos estudios pueden hacerse.

© Ediciones Morata, S. L.

Aunque centremos nuestra atención en la evaluación, creemos que estas ideas también se pueden aplicar a la investigación educativa y social, pues les afectan cuestiones similares de valor. A menudo, la evaluación y la investigación social se mezclan, pero pueden distinguirse una de otra. La evaluación llega a conclusiones como "X es bueno", mientras que las conclusiones de la investigación social son del tipo: "X causa Y" o "X es un caso de Y". Cuando puede demostrarse que Y merece la pena, ambas son semejantes.

Tanto en la evaluación como en la investigación social, los investigadores se enfrentan a cuestiones de valor semejantes y, a nuestro modo de ver, ninguna de ellas puede ser neutra con respecto a los valores. Más bien, los investigadores de ambos campos pueden llegar a juicios de valor objetivos e imparciales. No obstante, para poner ejemplos de la aplicación de nuestro análisis a la investigación educativa y social, tendríamos que haber elaborado un libro más largo y complicado, por lo que nos hemos ocupado únicamente de la evaluación.

Agradecimientos

Algunas de las ideas expuestas en este libro han aparecido antes en: Ernest R. HOUSE (1997): "The Problem of Values in Evaluation", *Evaluation Journal of Australasia*; Ernest R. HOUSE y Kenneth R. HOWE (1998): "Advocacy in Evaluation", *American Journal of Evaluation*; Kenneth R. HOWE (1995): "Democracy, Justice and Action Research: Some Theoretical Developments", *Educational Action Research*; Kenneth R. HOWE (1998): "The Interpretive Turn and the New Debate in Education", *Educational Researcher*.

Agradecemos de modo especial la ayuda de Ove KARLSSON y los revisores del manuscrito —Robert E. STAKE, de la Universidad de Illinois en Urbana-Champaign; Michael MORRIS, de la Universidad de New Haven; Gary T. HENRY, de la *Georgia State University*, y Michael Quinn PATTON, autor de *Utilization-Focused Evaluation*— por sus inestimables consejos en las revisiones, que han sido exhaustivas. Gracias también a C. Deborah LAUGHTON, por su paciencia y destreza a la hora de afrontar las dificultades estilísticas y conceptuales.

INTRODUCCIÓN

El problema de los valores

Los evaluadores se encuentran con muchos consejos de carácter profesional que, a menudo, se oponen entre sí. Veamos algunos ejemplos:

- Los evaluadores deben ser neutrales ante los valores.
- Los evaluadores deben defender a determinados grupos.
- Los evaluadores deben considerar igualmente dignos de atención los puntos de vista de todos los interesados.
- Los evaluadores deben sopesar y equilibrar los puntos de vista de los interesados.
- Los evaluadores deben admitir como legítimos los puntos de vista de todos los interesados.
- Los evaluadores deben adoptar los puntos de vista de los patrocinadores del estudio.
- Los evaluadores deben entablar diálogo con los interesados.
- Los evaluadores deben guardar las distancias con los interesados.
- Los evaluadores deben actuar únicamente como facilitadores.

- Los evaluadores deben extraer conclusiones de sus estudios.
- Los evaluadores no deben sacar conclusiones.
- Los evaluadores deben extraer conclusiones parciales.
- Los valores determinan la metodología.
- Los valores no tienen nada que ver con la metodología.
- Los valores son subjetivos.
- Los valores son objetivos.

Estas opiniones se derivan de distintas concepciones de la evaluación, basadas en premisas diferentes. En realidad, algunas de las disputas más enconadas que se producen en el campo de la evaluación giran en torno a las llamadas cuestiones de valor. Son cuestiones que provocan a los evaluadores, aunque sean bastante complejas y se fundamenten en nuestras formas de pensar sobre el mundo. Creemos que la mayoría de estas creencias diferentes nacen de los desacuerdos acerca de la naturaleza de los datos y los valores en un plano fundamental. Un punto de vista considera que datos y valores son los extremos de una dicotomía. Desde esta perspectiva, aunque los evaluadores puedan determinar justificadamente los datos, no pueden hacerlo con los valores. Los valores son escogidos sin más por las personas y no están sujetos a una determinación racional. Por eso, los evaluadores deben extraer conclusiones basadas en los valores de los interesados y los clientes, sin criticar esos valores, o deben calificar marcadamente las conclusiones de los estudios de manera que se correspondan con los valores de los clientes o los interesados.

Una perspectiva contraria sostiene que las personas no sólo escogen sus valores, sino también sus propios datos: una concepción constructivista radical. Desde este punto de vista, los datos son como los valores en la medida en que constituyen una materia de elección individual, pues optamos por creer unos datos y les otorgamos una determinada importancia en nuestro razonamiento. En cierto sentido, los

© Ediciones Morata, S. L.

individuos construyen sus mundos, sus realidades. De ahí que los evaluadores deban asumir la función de facilitadores neutrales en cuanto a su forma de manejar los datos y los valores de otras personas. Desde este punto de vista, los conocimientos y destrezas no desempeñan ningún papel especial. Las personas deben decidir por su cuenta. Todo es relativo a la concepción del individuo.

No creemos que ninguna de estas dos extendidas perspectivas del asunto constituya una base adecuada para la evaluación. Queremos situar la diferencia fundamental entre dato y valor en otro plano. Sostenemos que las afirmaciones sobre datos y valores no son independientes, sino que ambas se combinan. Los enunciados evaluativos están compuestos por afirmaciones de hechos y de valores entrelazadas, mezcladas, como la mayoría de las afirmaciones que se hacen en la evaluación.

Es más, mantenemos que los evaluadores pueden extraer conclusiones objetivas de valor recogiendo y analizando pruebas y siguiendo los procedimientos de su disciplina profesional. Esa forma de ver las cosas legitima las actividades profesionales y abre el acceso a una función social más fuerte de la evaluación, pues da más autoridad a la evaluación en la toma pública de decisiones, que, en nuestra opinión, es un servicio muy necesario en la sociedad contemporánea.

Con el fin de desarrollar estas tareas, los evaluadores necesitan disponer de una concepción de su función que sea compatible con la democracia. De hecho, creemos que quienes actúan en el campo de la evaluación deben tener una concepción amplia de la forma de utilizarse sus estudios en las sociedades democráticas, aunque tales concepciones sean implícitas. Nuestro objetivo consiste en alinear la teoría y la práctica profesionales con el pensamiento democrático. No es un objetivo utópico; desde nuestro punto de vista, muchos evaluadores ya desarrollan una práctica profesional adecuada. En este libro, explicamos la justificación teórica que subyace a esa práctica profesional, coherente con el pensamiento contemporáneo sobre la democracia, y elaboramos una concepción de la posible contribución de esas prácticas a la democracia.

El argumento de este libro

La Primera Parte del libro se ocupa de la naturaleza de los valores y de las afirmaciones de valor. Desde hace mucho tiempo, la categoría de los juicios de valor es una cuestión discutida y la disputa ha influido en la evaluación, impidiendo de forma significativa el desarrollo del campo. Un legado del positivismo del siglo XX ha sido que los datos y los valores se consideraran como entes completamente distintos. Los datos tienen que ver con el mundo real y los valores con la valía o mérito que concedan los humanos a las situaciones concretas. Por eso, los valores son intrínsecamente subjetivos y los juicios de valor carecen de fundamento cognitivo. Esto significa que los evaluadores no pueden hacer juicios legítimos de valor. A esos juicios ha de llegarse por otros medios, por ejemplo, dejando que el público de la evaluación decida al respecto.

En nuestro análisis, los enunciados relativos a hechos y a valores se producen en un continuo en el que se mezclan entre sí (Capítulo Primero). Aunque determinados datos y valores ocupen los extremos del continuo, muchos enunciados de ambos tipos se combinan en el centro del continuo y poseen dimensiones de datos y de valores cuya completa diferenciación es imposible. Esta particularidad se cumple en especial en los enunciados evaluativos y en los conceptos de la investigación social que emplean a menudo los evaluadores. El concepto de CI es un buen ejemplo: tiene aspectos de dato y aspectos de valor.

Desde nuestro punto de vista, los evaluadores pueden llegar a conclusiones válidas de evaluación si siguen las reglas y procedimientos adecuados de su disciplina. Esto no

© Ediciones Morata, S. L.

significa que los evaluadores deban tomar decisiones por los responsables políticos o los clientes, sino que los juicios evaluativos, a los que se haya llegado siguiendo los procedimientos adecuados, pueden influir en tales decisiones, que también habrán de tener en cuenta otras cuestiones diferentes de los hallazgos de la evaluación profesional (Capítulo II).

Como explica Scriven (1980), la lógica de la evaluación consiste en encontrar unos criterios de evaluación, establecer unos niveles de actuación para cada criterio, recoger la información relevante y resumir ésta y los criterios en juicios generales de éxito o fracaso de las políticas, programas, productos o lo que se haya sometido a revisión. Por supuesto, esta lógica formal no recoge toda la complejidad del razonamiento evaluativo, del mismo modo que los silogismos no recogen toda la complejidad del razonamiento humano (Stake y cols., 1997).

El proceso real de evaluación es más complejo y depende de muchas consideraciones esenciales y contextuales, así como de la naturaleza de la entidad que se esté evaluando. El contexto de la evaluación es crítico para limitar las posibilidades lógicas de las evaluaciones y hacer factibles las soluciones. Los evaluadores no tienen que considerar todos los criterios ni todos los públicos potenciales, sino sólo los relevantes para un tiempo y un lugar determinados y en un contexto concreto. Aunque los evaluadores difieran en el modo de llegar al acuerdo sobre los criterios, quién participe en el proceso de evaluación y cómo se manejen los criterios de actuación y la información, pueden alcanzar, sin embargo, unos niveles razonables de acuerdo, utilizando los conceptos y herramientas de su disciplina.

Críticas de otros puntos de vista

La Segunda Parte del libro critica tres destacados puntos de vista. El primero es la "concepción heredada" de los datos y los valores (Capítulo III). La concepción heredada ha dominado la evaluación desde los años sesenta. Quizá la expresión más clara de la concepción heredada se encuentre en la obra de Donald CAMPBELL (1982). Aunque CAMPBELL rechace la epistemología positivista, defiende el mantenimiento de la distinción entre dato y valor como forma de preservar la investigación social sin sesgos. De modo semejante, SHADISH, COOK y LEVITON (1995) distinguen entre la valoración descriptiva y la prescriptiva y dicen que, en último término, los juicios de valor sólo se aplican a quienes los sostienen.

La concepción heredada impone ciertas limitaciones de valor sobre la evaluación, pero esas limitaciones son mínimas. La concepción heredada adopta, al menos, dos formas: la descripción de los medios y la descripción de los grupos interesados. La descripción de los medios recoge algún objetivo, como el rendimiento académico o la minimización de costes, e investiga los medios para alcanzar ese objetivo: el medio mejor para el fin determinado. La descripción de los grupos interesados permite que se consideren los valores e intereses de distintos grupos y sostiene que todos son dignos de igual consideración. Se traduce en enunciados como: "X es bueno desde la perspectiva del grupo interesado Y".

Desde nuestro punto de vista, estos enfoques son insuficientes. La descripción de los medios no tiene en cuenta la participación de otras partes afectadas y la descripción de los grupos interesados no contempla el desequilibrio de poder entre grupos ni la diferencia de fuerza moral que pueda vincularse con las reivindicaciones de los distintos grupos. Por eso, los "minimalistas de valor" se enfrentan con un dilema: o bien excluyen los valores de otros grupos o quizá produzcan una anarquía de valor cuando se admitan los valores.

El giro interpretativo de la evaluación proporciona la justificación para incluir las perspectivas de quienes están dentro del sistema y las "voces" de quienes han sido marginados o excluidos (Capítulo IV). Frente a la "perspectiva del espectador" acerca del saber, en la que éste se construye pieza a pieza, por acumulación y observación pasiva, los interpretacionistas comparten una "concepción constructivista". Según esta perspectiva, el saber se construye activamente mediante la interacción y el diálogo, lo que significa que tiene una base cultural e histórica y lleva consigo unos valores morales y políticos que, con frecuencia, están al servicio de intereses particulares.

Los enfoques dialógicos resultantes recogen la mezcla de datos y valores en la evaluación, negando que pueda evitarse esa mezcla. Aunque aceptemos una versión de la postura dialógica al establecer la concepción democrática deliberativa, cuestionamos otras dos versiones: el constructivismo radical y el postmodernismo. El constructivismo radical da como bueno el valor aparente de los informes de los interesados sobre lo que esté ocurriendo porque, como implicados, ocupan posiciones privilegiadas (p. ej.: GUBA y LINCOLN, 1989).

Los valores se incluyen de forma automática mediante la interacción dialógica, lo cual está bien. Sin embargo, los constructivistas radicales no van más allá de la neutralidad de los interesados. En este enfoque, no pueden admitirse las perspectivas de los no implicados, al menos no con autoridad. De ahí que los evaluadores tengan que remitirse a los interesados en relación con los efectos de los programas y políticas sociales, limitando el papel de los evaluadores a la facilitación. El problema está en que es muy fácil que las interpretaciones de los implicados estén equivocadas o sesgadas, inconvenientes que podrían contrarrestarse con la inclusión de las perspectivas de los no implicados.

El postmodernismo es más difícil de caracterizar, pero rechaza la idea de que los puntos de vista de los implicados carezcan de problemas (Capítulo V). De hecho, los postmodernistas consideran que la vida social está envuelta en contingencias que deben problematizarse, deconstruirse y trastornarse. En el postmodernismo, los investigadores deben cuestionar las normas y prácticas sociales indiscutidas pero carentes de fundamento que oprimen a la gente. Por ejemplo, los evaluadores pueden enviar a propósito unos cuestionarios irritantes a los sujetos para incitarlos a cuestionar la

© Ediciones Morata, S. L.

autoridad de la misma evaluación y lo que representa (p. ej., STRONACH y MACLURE, 1997).

Los postmodernistas se niegan también a presentar conclusiones de valor y sospechan de quienes lo hagan. En general, el saber público y los conocimientos y destrezas de carácter profesional se consideran opresivos. Por eso, los postmodernistas se encuentran en la postura contradictoria de anular cualesquiera juicios de valor, incluyendo los suyos. Es difícil ver cómo una actividad práctica, como la evaluación, que trata de dar orientaciones públicas puede limitarse a la ruptura y la deconstrucción.

La concepción democrática deliberativa

La Tercera Parte de este libro versa sobre la concepción democrática deliberativa, nuestra preferida. Esta concepción rechaza el minimalismo y el relativismo axiológicos (Capítulo VI). A diferencia de los enfoques de la descripción de los medios, no asume un objetivo y trata de maximizarlo. A diferencia de otros enfoques de la concepción heredada, no recoge la mera descripción de los grupos interesados. Es dialógica, pero, frente al constructivismo radical, no asume que los implicados tengan siempre razón. A diferencia del postmodernismo, emplea criterios públicos para evaluar y contribuir al saber público.

La concepción democrática deliberativa está comprometida explícitamente con los valores de la democracia, con el desarrollo de la evaluación en un marco democrático explícito y con la responsabilidad de los evaluadores de sostener esos valores. El objetivo consiste en que los evaluadores utilicen unos procedimientos que incorporen las perspectivas de los implicados y de los ajenos, den voz a los marginados y excluidos, empleen criterios razonados en la deliberación ampliada y participen en interacciones dialógicas con públicos significativos e interesados por la evaluación.

© Ediciones Morata, S. L.

Es evidente que todos los grupos de implicados no tienen el mismo poder y que el diálogo entre ellos no es plenamente democrático, en el sentido de que no esté distorsionado por las relaciones de poder, ocultas o manifiestas. Los evaluadores deben luchar para remediar este problema, garantizando que se mantengan unas deliberaciones libres y sin obstáculos en el desarrollo de la evaluación, en la planificación, el diseño y la interpretación. Los evaluadores no deben asumir que todas las opiniones de los grupos sean igualmente correctas. En realidad, hay fundamento democrático suficiente para descartar las perspectivas de algunos interesados.

Las evaluaciones deben satisfacer tres requisitos explícitos: inclusión, diálogo y deliberación. *En primer lugar,* las evaluaciones deben incluir, de alguna forma, todos los intereses y concepciones principales de los afectados. *En segundo lugar,* deben permitir un diálogo extenso, de manera que las perspectivas e intereses de los afectados, tal como se representen en la evaluación, sean auténticas. *En tercer lugar,* deben facilitar una deliberación suficiente de modo que pueda llegarse a unas conclusiones válidas, una deliberación que utilice los conocimientos y destrezas de los evaluadores. Cuando la evaluación satisfaga esos requisitos, así como los relacionados en general con la recogida y análisis adecuados de la información, decimos que el estudio es democrático, imparcial y objetivo.

Desde luego, los evaluadores deben desarrollar su trabajo en unas condiciones sociales concretas y los proponentes de la concepción democrática deliberativa tienen que reconocer que todo esto está demasiado idealizado para que se pueda implementar de inmediato en el mundo de la política y la práctica (Capítulo VII). Un compromiso inflexible con la concepción deliberativa democrática, en el que los evaluadores fuesen incapaces de componendas y no aceptaran nada que se apartara del ideal, sería "poco práctico". Debemos evitar que lo mejor sea enemigo de lo bueno. El hecho de

© Ediciones Morata, S. L.

que, en las actuales circunstancias, no se pueda lograr por completo el ideal de la democracia deliberativa no significa que no podamos acercarnos.

Los evaluadores no deben ignorar los desequilibrios de poder ni suponer que el diálogo sobre la evaluación sea abierto cuando no lo sea. Hacerlo significa aceptar de forma implícita el statu quo de las estructuras de poder. Creemos que la mejor solución para los evaluadores consiste en afrontar directamente las cuestiones de poder y adoptar una postura de deliberación democrática como ideal para juzgar las afirmaciones públicas de valor. En esta concepción, los evaluadores no son espectadores ni reyes filósofos. En el Capítulo VII, examinamos el trabajo de diversos evaluadores que han tratado de entablar esos diálogos democráticos.

Por último, concluimos este volumen con una exposición del papel de la evaluación en las sociedades democráticas y capitalistas avanzadas. Son sociedades que cuentan con instituciones formidables de publicidad, relaciones públicas y medios de comunicación de masas. Las afirmaciones y las réplicas son desenfrenadas. Estas sociedades necesitan instituciones cognitivas, como la evaluación, que sirvan para discernir las afirmaciones verdaderas de las falsas y determinar el valor de los productos, programas, políticas y actuaciones. Esas instituciones apoyan las decisiones democráticas proporcionando un saber fundado en el que basar las decisiones.

En este sentido, la evaluación sirve para satisfacer las necesidades de una democracia deliberativa, no "emotivista". En una democracia "emotivista" (o preferencial), no se discuten las concepciones o valores de los ciudadanos. No se somete a deliberación el mérito de los valores. En cambio, en una democracia deliberativa, los puntos de vista, preferencias y valores de todos los ciudadanos se someten a deliberación y a debate por lo que se refiere a su mérito.

La concepción democrática deliberativa se aplica a la evaluación, en general como institución, así como a los estudios individuales. Entremezcla una concepción igualitaria de la justicia que trata de equiparar el poder, llegando a unas conclusiones evaluativas con los tres requisitos generales: inclusión, diálogo y deliberación.

A nuestro modo de ver, los evaluadores tienen la responsabilidad de hacerse acreedores a la confianza de los participantes en las evaluaciones y del público con el fin de poder utilizar sus conocimientos y destrezas en beneficio del interés público. A veces, tendrán que ser negociadores hábiles, dispuestos a llegar a acuerdos, pero también deben poner límites al alcance de esos compromisos y ser inflexibles ante peticiones moralmente objetables. Los evaluadores deben permanecer firmes en lo relativo a las exigencias de la democracia.

© Ediciones Morata, S. L.

PRIMERA PARTE
Afirmaciones de valor

CAPÍTULO PRIMERO

Datos y valores

En la primera asignatura de filosofía de primer ciclo universitario, al empezar con los filósofos presocráticos, los profesores presentan con frecuencia la paradoja de ZENÓN, una de cuyas formas consiste en que, si tratas de abandonar el aula, en algún punto del tiempo, te encontrarás a mitad de camino hacia la puerta. Un instante más tarde, estarás a la mitad de esa distancia; después, a la mitad de esa distancia de nuevo, y a la mitad de ésta una vez más, hasta el infinito. En otras palabras, al atravesar en cada ocasión la mitad de la distancia, con independencia del tiempo transcurrido, lógicamente nunca podrás abandonar el aula.

Es obvio que, en este razonamiento, hay algo que no es correcto, porque, en realidad, puedes marcharte del aula. La marcha del aula no está adecuadamente ejemplificada mediante la implícita progresión matemática infinita que asume la paradoja. El modelo es inadecuado para la tarea propuesta: abandonar el aula. Éste es el tipo de dificultad que los filósofos elaboran a veces por su modo de plantear los problemas, aunque los resultados de sus análisis contradigan el sentido común.

La doctrina de la investigación social "sin valores" recuerda la paradoja de ZENÓN, aunque la doctrina sin valores haya

© Ediciones Morata, S. L.

tenido efectos más perniciosos que los que nunca haya tenido dicha paradoja. No hay muchas personas que se sienten en las aulas diciendo que no pueden salir de ellas, pero sí hay gran número de ellas, incluyendo a evaluadores profesionales, que dicen que no pueden hacer juicios de valor o que pueden, pero es ilícito hacerlos. La doctrina sin valores, junto con una inadecuada idea de causalidad, ha impedido gravemente el progreso de la investigación social (House, 1990). Esta doctrina dice que no podemos hacer racional y legítimamente juicios de valor, igual que la paradoja de Zenón nos dice que no podemos traspasar la puerta. En realidad, hacemos ambas cosas constantemente.

El escepticismo ante los valores ha existido, en distintas modalidades, desde la época de Platón y quizá desde antes. En *La República* de Platón, el sofista Trasímaco se burla del intento de Sócrates de utilizar la razón para comprender la justicia. La justicia es "lo que beneficia al más fuerte", proclama Trasímaco. El escepticismo moderno ante los valores se remonta a Hobbes y Hume, el último de los cuales plantea la cuestión de este modo:

> La razón es y sólo debe ser, esclava de las pasiones, y nunca puede pretender cualquier otro cometido que no sea servirlas y obedecerlas... Como la moral... tiene influencia en las acciones y afectos, ello implica que éstos no pueden derivarse de la razón, y eso porque la razón sola... nunca puede tener tal influencia. La moral excita las pasiones y produce o impide las acciones. De por sí, la razón es absolutamente impotente a este respecto. En consecuencia, las reglas de la moralidad no son conclusiones de nuestra razón.
> (Hume, 1739/1978, págs. 415, 457.)

No es contrario a la razón preferir la destrucción del mundo entero a hacerme un rasguño en el dedo. No es contrario a la razón escoger mi ruina total, para impedir la más mínima incomodidad de un indio o de una persona que me sea completamente desconocida. Tampoco es contrario a la razón que prefiera inclu-

so mi propio bien menor, reconocido como tal, a mi bien mayor y que tenga un afecto más ardiente al primero que al último.
(HUME, 1739/1978, pág. 416.)

Influyentes filósofos (p. ej., los positivistas) y científicos sociales (p. ej., los weberianos) del siglo XX reiteran las ideas de HUME. Desde estas perspectivas, las afirmaciones de valor son (simples) expresiones de sentimientos, actitudes de aprobación o afirmaciones de voluntad. Ejemplifican el subjetivismo moral, la creencia de que las posturas morales no se basan en la razón ni en la naturaleza de las cosas; en cambio, nos limitamos a adoptarlas porque nos atraen emocionalmente. En último término, las afirmaciones de valor son materias de elección que no se basan en la racionalidad y, como tales, están fuera del alcance de la investigación científica.

Un principio central de nuestro argumento en este libro es que las afirmaciones de valor pueden basarse en la razón, adecuadamente entendida, y que pueden ser objetivas, en el sentido propio de la palabra. Sostenemos que la evaluación incluye juicios de valor (aunque sea de forma implícita), tanto en sus marcos metodológicos de referencia como en los conceptos utilizados, como "inteligencia", "comunidad" o "desventajado". Afirmamos también que estos compromisos de valor deben explicarse y examinarse para que la evaluación sea moral y políticamente autorreflexiva. Los evaluadores pueden llegar con toda legitimidad a afirmaciones de valor como parte de sus cometidos profesionales si siguen los principios, reglas y procedimientos de su profesión. También deben estar preparados para defender esas afirmaciones de valor.

El continuo hecho-valor

Admitamos que "valor" no es el concepto más preciso posible. Como señalara FRANKENA (1967): "En nuestra cultura contemporánea, los términos 'valor' y 'valoración' y otros afines y compuestos con ellos se utilizan de manera confusa y confundidora, aunque generalizada, no sólo en economía y filosofía, sino también y de modo especial en otras ciencias sociales y humanidades" (pág. 229). En cierta época, el significado fue razonablemente claro. *Valor* significaba la valía de una cosa y *valoración* significaba la estimación de esa valía. Ésta es la concepción primaria de valor que empleamos: una evaluación es la determinación de la valía, mérito o "valor" de algo, sobre todo en la evaluación profesional de productos, programas, políticas y actuaciones (SCRIVEN, 1991). En este sentido, la evaluación profesional requiere la deliberación y no se basa en unos gustos o deseos irreflexivos.

Sin embargo, no podemos prescindir por completo de otros usos del término. *Valor* se utiliza de manera muy extendida como un sustantivo concreto referido a lo que tiene valor o se cree que es bueno —por ejemplo: *valores democráticos, valores conservadores* o *valores de los interesados*. A menudo, tras esta concepción del valor se esconde el supuesto encubierto de que nada tiene en realidad un valor objetivo, sino que una cosa tiene valor porque se considera que tiene valor o se cree que es valiosa, volviendo de nuevo a la idea subjetiva de que los valores se desvinculan de toda evaluación razonable y dependen de la elección individual.

Este significado de valor es corriente en las comunidades de evaluación y de investigación social. Por eso, oímos que los "valores" de los interesados (las cosas que los interesados creen importantes) se utilizan en los estudios de evaluación. Utilizado en este sentido amplio, el término *valores* puede referirse a opiniones, creencias, preferencias, intereses, carencias, necesidades o deseos. Por regla general, no aparece definido de forma precisa. Cuando utilizamos en este libro el término *valor*, tratamos de aclarar qué sentido le damos. Unas veces nos referimos a conclusiones de valor determinadas de forma racional y otras a preferencias, creencias, intereses, etcétera, que no dependen del apoyo de pruebas contundentes.

Tenemos que especificar cómo concebimos, en general, la dicotomía dato-valor. Según HUME, los datos y los valores tienen referentes distintos, lo que puede querer decir que los valores no se mezclan con los datos o que los valores no pueden derivarse de los datos. En cualquier caso, los valores están desligados de los datos. En cambio, nosotros creemos que los enunciados de datos y valores se mezclaban en un continuo que podría representarse así (HOUSE, 1997):

Hechos brutos ——————————— Valores puros

A la izquierda del continuo, están los enunciados del estilo de: "los diamantes son más duros que el acero", que no dependen en absoluto de los gustos personales. A la derecha del continuo, se sitúan los enunciados de este cariz: "el Cabernet Sauvignon es mejor que el Chardonnay", que tienen mucho que ver con los gustos personales. En el centro, están los enunciados como: "A es más inteligente que B", "este test es válido" y "X es un buen programa". Estos enunciados no se refieren a datos brutos ni a valores puros; mezclan datos y valores. Los enunciados pueden ser correctos o erróneos y también tienen importantes consecuencias de valor.

Que la referencia de una afirmación sea un dato bruto, un valor puro o un término medio entre ambos extremos depende, en parte, del contexto. Por ejemplo, "John Doe está muerto" solía referirse a un dato bruto, sin implicaciones de valor. Sin embargo, ¿qué ocurre si John Doe está conectado a un sistema de reanimación que mantiene su respiración y su circulación sanguínea, aunque se encuentre en un coma irreversible? El juicio concreto de que está muerto exige un cambio del significado del concepto, impulsado por los juicios de valor, como el referido a lo que constituya una buena "calidad de vida". Lo que en otros tiempos era, sin duda, el reconocimiento de un dato bruto, ha quedado muy sesgado por los valores a causa de la tecnología médica.

© Ediciones Morata, S. L.

En su mayor parte, los enunciados evaluativos profesionales se sitúan en torno al centro del continuo dato-valor. Son enunciados derivados de una institución concreta, la institución de la evaluación que está evolucionando. Los procedimientos establecidos por los evaluadores profesionales, de acuerdo con las reglas y conceptos de su profesión, determinan el carácter verdadero y objetivo de un enunciado. Están involucrados algunos juicios humanos, construidos según los criterios de la institución, pero su origen humano no tiene por qué hacerlos objetivamente falsos.

Consideremos las palabras de STAKE (1995), introduciendo su evaluación de la *Harper School*:

> La Reforma Escolar de Chicago constituía un importante centro de atención en todas partes, pero no en la *Harper Elementary School* de Chicago. Allí se centraba la atención en el desafiante, pesado y desalentador trabajo cotidiano de la enseñanza y la gestión de la escuela. Para los maestros, la reforma del sistema escolar era una abstracción, totalmente alejada de la realidad.
>
> El *School Improvement Plan* (SIP) (Plan de Mejora Escolar) de la *Harper School* pretendía la mejora de la lectura, los estudios multiculturales, la preparación para el siguiente nivel de enseñanza e, incluso, la reparación de las ventanas rotas. Sin embargo, lo que consumía la energía de la jornada pedagógica era aún más pedestre: acabar con las faltas de asistencia y de puntualidad; encontrar a algún alumno que terminara las tareas para casa; hacer frente a los rebeldes indomables; contener las filas a la hora de la comida, una en la cafetería, otra en la salida, hasta que salieran otras clases.
>
> (Pág. 137.)

STAKE emplea las primeras páginas de su estudio en la descripción de su visita a la escuela, el aspecto de la misma, el encuentro con el director, etcétera. Cuando los lectores terminan la descripción de la escuela, los primeros párrafos incluso, están bien informados acerca de lo que piensa STA-

© Ediciones Morata, S. L.

KE de la reforma escolar de Chicago en general. Desliza con maestría las conclusiones de su evaluación en la introducción descriptiva. ¿Es una descripción? Sí. ¿Es evaluación? Sí. Con frecuencia, el contexto determina si los enunciados son evaluativos, y los enunciados pueden ser descriptivos y evaluativos al mismo tiempo. El estudio es también objetivo, en el sentido de que STAKE puede estar en lo cierto o equivocado en relación con la reforma escolar de Chicago. Sus observaciones pueden ser incorrectas o puede extraer conclusiones erróneas.

Los enunciados evaluativos pueden ser objetivos en el sentido de que podemos presentar pruebas de su verdad o falsedad, igual que ocurre con los demás enunciados. En estos enunciados, los aspectos relativos a datos y a valores se mezclan. Por ejemplo, un enunciado como: "Los servicios sociales aumentan la incapacidad" encierra un valor. Exige entender qué son los "servicios sociales" y la "incapacidad" y estos conceptos están muy marcados por valores. ¿El enunciado es verdadero? Decidimos su veracidad en los procedimientos de prueba de la evaluación. Presentamos pruebas y hacemos razonamientos que se reconocen y aceptan dentro de la disciplina. Los marcos de referencia de la disciplina permiten hacer esos juicios de manera objetiva.

Por tanto, en nuestro sentido, "objetividad" significa que un enunciado puede ser verdadero o falso, que es objetivo si no es tendencioso (SCRIVEN, 1972), que pueden recogerse pruebas a favor o en contra de la verdad o falsedad del enunciado y que los procedimientos definidos por la disciplina facilitan reglas para la manipulación de esas pruebas, de manera que no sean tendenciosas. SCRIVEN (1991), en particular, ha defendido la idea de las afirmaciones objetivas de valor. Desde luego, si alguien adopta la postura escéptica de que cualquier juicio o concepto del tipo que sea es subjetivo, todos estos enunciados son subjetivos. Ahora bien, en ese caso, el enunciado: "los diamantes son más duros que el acero" sería subjetivo, porque depende de conceptos como "diamantes" y "acero", aunque los referentes sean entidades físicas. El sentido de objetividad que rechazamos explícitamente es la idea positivista de que la objetividad depende de la eliminación de todos los aspectos conceptuales y de valor y de ir al fondo de los datos originales. En cambio, en nuestro sentido, ser objetivo significa tratar de alcanzar unos enunciados no sesgados mediante los procedimientos de la disciplina, observando los cánones del razonamiento y la metodología adecuados, cultivando un sano escepticismo y manteniendo la atención para erradicar las causas de los sesgos. Negamos que el cometido del evaluador se limite a determinar las afirmaciones relativas a datos concretos, dejando para otros las afirmaciones de valor, como hacen algunos. Los evaluadores pueden determinar también las afirmaciones de valor. En realidad, es difícil que puedan evitar hacerlo.

Los valores como emergentes

El continuo que hemos sugerido está formado por enunciados de dato-valor después de que el hablante haya llegado a alguna conclusión. Las afirmaciones de valor hacen que parezca aclarada la cuestión, como si así ocurriera en todo momento. Sin embargo, la construcción de las afirmaciones de valor puede ser emergente. Para ilustrar esto, supongamos que alguien hiciera la siguiente pregunta: "¿Qué te parece cambiar el sistema político de Estados Unidos por otro de carácter parlamentario, siguiendo el modelo del de Israel?"

Podríamos decir algo parecido a esto: "Bueno, un sistema en el que puedan escucharse las opiniones de la minoría, aunque no gane, encierra ventajas reales en comparación con nuestro sistema, en el que todos escuchamos las opiniones de quienes han conseguido la mayoría de los votos, que, juntos, se dedican a poner parches con unas políticas aguadas y menos discutibles. No obstante, necesitamos más información. No estamos habituados al sistema israelí y suponemos que también nos gustaría modificarlo para adaptarlo a nuestra situación".

Basándonos en esta conversación, ¿sería correcto decir que "valoramos" el cambio al sistema israelí? Probablemente no. Sin embargo, no sería muy exacto decir que no lo valoramos en absoluto. Si se prolongara la conversación, de manera que nos respondieran a algunas preguntas clave, podríamos inclinarnos hacia un lado o hacia otro y seríamos capaces de hacer una afirmación sobre el sistema israelí que incluyera nuestro razonamiento al respecto.

Muchas cuestiones acerca de "quién valore qué cosa" son como ésta. Suponemos que, en este ejemplo, tras una prolongación de la conversación, en la que se facilitara la información que queremos, concluiríamos apoyando un movimiento a favor de un sistema parlamentario. ¿Este valor estuvo ahí todo el tiempo o se ha construido ahora? Es difícil decirlo. En cierto sentido, ha estado *ahí* siempre, pero sólo se ha podido descubrir mediante el diálogo y la reflexión. En otro sentido, no estaba *ahí*, sino que se ha construido, dado que no pudimos articular una postura desde el primer momento. No obstante, ¿por qué preocuparnos por esta cuestión?

En nuestra opinión, los evaluadores deben preocuparse por lo que las personas crean *tras reflexionar*. Éste es el sentido más importante de lo que las personas creen *realmente* frente a las iniciativas de políticas y programas. Una democracia robusta exige que las afirmaciones de valor emerjan mediante la deliberación, conseguida en parte a través del diálogo o, al menos, ésa es nuestra opinión. Los valores (las afirmaciones de valor) pueden ser simples preferencias indiscutidas, pero todas las partes relevantes guardan una buena opinión de las buenas evaluaciones. Nos gustaría que la evaluación incorporara esa deliberación. En ese caso, la cuestión se transforma en: ¿Qué condiciones provocan unas afirmaciones de valor que se conceptualicen bien? Volvere-

© Ediciones Morata, S. L.

mos sobre el concepto de democracia, buscando respuesta a la pregunta por lo que constituya una deliberación adecuada cuando las afirmaciones de muchos interesados entren en conflicto.

Los valores y la deliberación democrática

Tenemos la sensación de que los evaluadores prevén, al menos de forma vaga, las condiciones sociales en las que se recibirán sus descubrimientos. Es más, pensamos que, en la mayoría de los casos, estas condiciones serán "democráticas", porque la mayor parte de los evaluadores desempeñan sus funciones en sociedades democráticas. En este sentido, la deliberación se ajustará, en la evaluación, a la concepción de la democracia prevista, al menos en líneas generales.

O, dando la vuelta al argumento, los evaluadores estimulan ciertas prácticas democráticas previendo unas determinadas condiciones de recepción. En otras palabras, algunas concepciones de la evaluación son compatibles con determinadas concepciones de la democracia, al menos en cuanto a la consistencia lógica. (Trataremos de justificar estas afirmaciones mediante la consideración de casos concretos en los próximos capítulos. En las sociedades no democráticas, la evaluación requiere fundamentos completamente distintos.)

¿Qué sentido tienen las afirmaciones objetivas de valor en una democracia? El concepto general de democracia contempla una forma de gobierno que recoge todos los intereses legítimos para llegar a decisiones de gobierno. Por supuesto, este concepto amplio de democracia deja aún un considerable margen para diferentes concepciones específicas. GUTMANN (1987) señala otro requisito central de la democracia, que consiste en fomentar la deliberación conjunta de los ciudadanos acerca de materias de política social: "reproducción social consciente". Salvo que todos los ciudadanos puedan participar con pleno sentido en esta actividad, la toma política de decisiones no alcanzará el nivel de la democracia ideal. Cuando sólo unos pocos deciden la política social, nos hallamos ante una aristocracia, una plutocracia o una tecnocracia, según sea el talento, el dinero o el dominio de conocimientos y destrezas el origen de la autoridad.

El ideal de democracia participativa de GUTMANN es exigente y nunca podrá realizarse por completo en la práctica. No obstante, hay formas más o menos fructíferas de aproximarse a él. En la concepción de democracia que apoyamos, tiene lugar una deliberación reflexiva que es no tendenciosa e imparcial y conduce a conclusiones no sesgadas (objetivas, imparciales). Para llegar a afirmaciones imparciales, los estudios deben cumplir determinados requisitos que, desde nuestro punto de vista, son: inclusión, diálogo y deliberación. *En primer lugar,* las percepciones e intereses de todos los ciudadanos deben incluirse en el proceso de decisión sobre la política social, bien de forma directa, mediante la participación, bien de forma indirecta, mediante la representación. *En segundo lugar,* estas percepciones e intereses deben emerger a través de procesos dialógicos en los que los evaluadores prestan atención a los puntos de vista e intereses de los implicados. *En tercer lugar,* estos procesos deben ser deliberativos. No hay que tomar las percepciones e intereses al pie de la letra, sino interpretarlas hasta llegar a las conclusiones más defendibles.

Desde nuestro punto de vista, no basta con que los participantes señalen sus opiniones y preferencias. Sus puntos de vista y sus preferencias deben someterse a la crítica y al análisis racional. Tampoco basta con que los responsables de las políticas o los investigadores decidan cuáles sean las perspectivas y preferencias de los participantes sin entablar un diálogo suficiente con esos participantes. El diálogo insuficiente puede llevar al paternalismo y a hacerse una idea equivocada de las perspectivas y preferencias de los participantes. Este riesgo cobra especial relieve cuando están en juego políticas y programas complejos, en los que intervie-

© Ediciones Morata, S. L.

nen como interesados personas indefensas y sin voz. Una vez más, una democracia robusta requiere inclusión, diálogo y deliberación.

En este libro, analizamos otras tres concepciones de democracia que difieren de la concepción deliberativa democrática. Estas concepciones muestran una tendencia a dar resultados sesgados de distintas maneras. Lo que llamamos *democracia emotiva* establece una delimitación muy nítida entre las afirmaciones de datos y las de valor, confinando después el análisis racional y la objetividad sólo a las afirmaciones de datos, interpretadas de ese modo. Desde este punto de vista, las afirmaciones de valor y las preferencias no pueden recibir un apoyo cognitivo, aceptándose como algo más o menos dado. La evaluación puede limitarse a enunciados condicionales: "Si valoras X, harás Y".

Según este punto de vista, la deliberación se convierte en un procedimiento por el que cada grupo participante, que siempre considera "especiales" sus intereses, consigue la aceptación de sus propias preferencias políticas. Esta forma de ver las cosas recibe su fuerza de su semejanza con el modo habitual de operar de nuestro sistema político, es decir, como una competición entre grupos interesados. Así, esta perspectiva prevé las condiciones de receptividad vigentes durante gran parte del tiempo. El problema de esta concepción es que tiende a apoyar el statu quo. Sin pretenderlo, da gran ventaja a quienes tienen poder porque están en la mejor posición para hacer progresar sus intereses en liza con los demás. Podemos suponer que los defensores de esta concepción digan que así opera precisamente el mundo político, aunque sea desafortunado.

Otra concepción de la democracia considera iguales todas las afirmaciones, ya sean de datos o de valor. El *hiperigualitarismo* descarta tanto la autoridad como el dominio de conocimientos y destrezas, incluyendo el de los evaluadores e investigadores sociales. Los participantes no sólo tienen el mismo derecho a que se escuchen sus afirmaciones, sino

© Ediciones Morata, S. L.

también a que se acepten, con independencia del contenido de las mismas. Desde este punto de vista, todas las afirmaciones se interpretan, en cierto sentido, del mismo modo, sin que importe si se refieren a datos o a valores.

En esta concepción, la deliberación tiene el objetivo habitual de llegar a un acuerdo sobre las conclusiones que se extraigan, pero, como todas las afirmaciones son igualmente aceptables, se excluye la posibilidad de apelar a la verdad o a la objetividad para determinar la valía de las afirmaciones. De hecho, en algunas versiones, no existe una verdad objetiva ni realidad externa a la que apelar, sino sólo interpretaciones individuales.

El hiper-igualitarismo tiene el motivo de potenciar a los participantes en plan de igualdad, una consideración importante para la delibración y el diálogo plenos, dándole así al impotente la oportunidad de hacer constar sus afirmaciones. No obstante, parece que, en esta concepción, el proceso deliberativo carece de normas racionales para evaluar el contenido de las mismas afirmaciones. De nuevo, inadvertidamente, los interesados poderosos pueden dominar, ya que los evaluadores carecen de autoridad para juzgar los puntos de vista de los participantes. En consecuencia, de nuevo, los intereses de los poderosos pueden frustrar una deliberación imparcial que lleve a unas conclusiones no sesgadas.

Una tercera concepción de la democracia se deriva del postmodernismo. Promueve, como objetivo supremo, la diversidad de la expresión: el *hiper-pluralismo*. Basada en la idea de que todos los "regímenes de verdad" establecidos por las autoridades privilegian a algunos grupos y marginan a otros, esta concepción estimula una proliferación indefinida de diferencias. Se hace hincapié en estimular y facilitar la expresión de distintas perspectivas, sin examinarlas. El examen de esos diferentes puntos de vista para llegar a una conclusión "correcta" haría que algunos participantes se inhibiesen. Las normas de verdad y objetividad son sospechosas de fomentar intereses especiales.

© Ediciones Morata, S. L.

En el hiper-pluralismo, se cree que la magnificación de las diferencias trastorna los regímenes oficiales y opresivos de verdad y, en consecuencia, es liberadora. Esta concepción puede considerarse "posdemocrática", porque la democracia supone el gobierno mediante la deliberación conjunta, limitada por una serie de reglas de procedimiento. El hiper-pluralismo no dispone de ninguna forma de limitar el debate y la deliberación. Los postmodernistas pueden replicar que la diversidad ilimitada es el futuro de la sociedad postmoderna.

Desde nuestro punto de vista, no parece que el hiper-pluralismo lleve a ningún tipo de gobierno ni a la democracia, tal como nosotros la entendemos. Tampoco constituye una base demasiado satisfactoria para la evaluación. Es difícil imaginar una práctica evaluadora que sirva sobre todo para trastornar y deconstruir, aunque algunos defensores hayan propuesto unas funciones más constructivas para la evaluación postmoderna (p. ej.: STRONACH y MACLURE, 1997).

Sea cual fuere el contexto democrático que se prevea, configura de manera significativa la forma de realizarse y presentarse los estudios que se hagan. El contexto del estudio limita las afirmaciones de dato y valor a las que lleguen por distintas vías a los evaluadores y, a veces, aleja de unos resultados no sesgados e imparciales. Se impide que la inclusión, el diálogo y la deliberación conduzcan a conclusiones imparciales.

Antes de examinar estas ideas con mayor detalle, volvemos, en el capítulo siguiente, sobre la explicación de cómo llegan, en general, los evaluadores a unas conclusiones evaluativas legítimas, de manera que no haya misterios en torno al modo de determinar los profesionales las afirmaciones de valor. El procedimiento depende del razonamiento y de las pruebas empíricas sancionados por la comunidad evaluadora.

CAPÍTULO II

Razonamiento evaluativo

¿Cómo llegan los evaluadores a unas conclusiones evaluativas justificadas? Basándonos en la formulación de SCRIVEN (1980, 1991), la proposición fundamental de la evaluación es: "X es bueno (malo)", o sus derivadas: "X es mejor (peor) que Y", "X vale mucho" o "Estas partes de X son buenas". A veces, la conclusión evaluativa no utiliza la palabra *bueno* o *malo*. En determinadas circunstancias concretas, otras palabras o expresiones hacen el oficio de aquéllas. O sea, la conclusión evaluativa se deriva en parte del contexto en el que se enuncie. Por ejemplo, "Este coche va de maravilla" es un enunciado evaluativo cuando se emite en el contexto adecuado, aunque las palabras utilizadas no sean términos evaluativos típicos.

De nuevo, dependiendo del contexto y en su uso característico, "Nueva York es inhabitable" es un enunciado evaluativo. Podemos definir "inhabitable" en términos concretos, como: "atestada", "insegura" y "cara". El término técnico filosófico que expresa la relación entre el enunciado evaluativo y los datos que lo apoyan es que el concepto de "inhabitable" *incluye* esas otras categorías concretas y naturales. Por ejemplo, no decimos: "Nueva York es inhabitable porque en

© Ediciones Morata, S. L.

ella se representan muchas obras de teatro y tiene muchas exposiciones artísticas". Cuando decimos "inhabitable", no nos referimos a eso. La información obtenida y las pruebas no concuerdan con el concepto "habitabilidad".

Ahora bien, podría ocurrir que alguien dijera: "Nueva York es inhabitable porque hay tantas exposiciones de arte que no sé qué hacer. Me gustaría vivir en Tuscaloosa". Esa interpretación idiosincrásica no cambia lo que, por regla general, entendemos por "inhabitable". También puede darse el caso de que muchas personas dijeran que no quieren vivir en otro sitio, que Nueva York no está demasiado atestada de gente, no es demasiado cara ni demasiado insegura. Aunque las personas difieran en su grado de acuerdo con la evaluación, eso no convierte el juicio en subjetivo ni en incapaz de confrontación con las pruebas.

Significa, más bien, que el cometido del evaluador no es fácil y que muchos juicios evaluativos son discutibles por naturaleza. Habrá pruebas en ambos sentidos. Para justificar esas afirmaciones, el evaluador tendrá que recoger información sobre la mayoría de las personas, del sujeto representante o de los individuos que sean destinatarios del programa sometido a revisión. Habría que excluir la perspectiva de un multimillonario que viva en lo alto de un rascacielos, protegido por guardas de seguridad, de las típicas que sirvan para hacer el juicio.

Tampoco es probable que el evaluador concluya: "Nueva York es una gran ciudad, desde el punto de vista del delincuente", aunque pudiera ser cierto. Por supuesto, si la Mafia hubiera contratado al evaluador para que le proporcionara una clasificación de las ciudades más adecuadas para delinquir, ese juicio sería apropiado ¿o no? ¿Acaso los evaluadores sólo se deben a quienes les encomienden sus estudios o les paguen por ellos? ¿Tienen también obligaciones para con la sociedad? Después de todo, la Mafia pagaría bien, aunque quizá nos preocupara su reacción ante unos resultados decepcionantes de la evaluación. Las obligaciones so-

© Ediciones Morata, S. L.

ciales del evaluador son complejas, una cuestión que estudiaremos más adelante.

En algunos casos, puede llegarse con facilidad a una conclusión evaluativa, pero, en otros, sólo con dificultad. En la vida cotidiana, un enunciado evaluativo puede expresar una opinión sin fundamento, si el hablante no presenta pruebas. "Buena película. Vamos a tomar algo" no necesita pruebas, especificaciones ni justificación. Sin embargo, en la evaluación profesional, el evaluador debe presentar un razonamiento que incluya pruebas de apoyo, y estas pruebas pueden ser débiles o fuertes, asumiendo formas muy diversas. Por regla general, el razonamiento debe concordar con la definición de la evaluación como determinación del mérito, valía o valor de algo, especificando los criterios utilizados en la evaluación y su justificación, si es preciso (SCRIVEN, 1980).

La formulación comúnmente aceptada de la lógica general, tal como la describe FOURNIER (1995), basándose en la obra de SCRIVEN, consiste en cuatro etapas idealizadas:

- Establecer los criterios de mérito.
- Crear las normas.
- Medir la actuación y compararla con las normas.
- Sintetizar e integrar la información en juicios de mérito.

(De todos modos, véase la contraformulación holística de STAKE: "El juicio es la vía natural para la determinación del valor"; STAKE y cols., 1997, pág. 99).

Consideremos la evaluación de un producto. Los criterios de evaluación deben derivarse, esencialmente, de la naturaleza del producto y de la función para la que haya sido diseñado. Hay determinadas características del producto que existen de forma objetiva, por ejemplo, la facilidad de conducción, la seguridad y el precio de un automóvil. Por supuesto, estos criterios dependen de algún tipo de uso humano, por lo que son relativos a ese uso, pero son objetivos en el sentido de que pueden determinarse mediante el estudio de las pruebas.

© Ediciones Morata, S. L.

En la evaluación de productos, los evaluadores toman a un usuario típico, a veces de forma implícita, sin tratar de determinar todos los usos posibles que puedan darse al producto. En cambio, establecen criterios referidos al consumidor típico del producto. Así, la seguridad de un automóvil se determina en condiciones de "uso normal" del mismo. En cierto sentido, gran parte del contexto está determinado.

Ahora bien, un escéptico podría decir: "Quiero que mi coche tire de mi barco, que es una embarcación de carreras de clase J. Ninguno de estos coches puede realizar esta tarea". En efecto. Esa persona piensa en una utilización especial del vehículo, pero esa utilización especial no es la que se da habitualmente a los automóviles y no podemos decir que los coches no sean buenos porque no desempeñen esas funciones especiales. Tampoco podemos decir que la evaluación no fuese objetiva por no tener en cuenta esos criterios. Los criterios son objetivos en el sentido de que están basados en las necesidades del consumidor típico y no en que satisfagan todas las necesidades concebibles de cualquier posible consumidor.

Es una cuestión importante. El hecho de que podamos concebir, imaginar o fantasear acerca de condiciones o fines especiales a los que pueda destinarse un producto, no significa que la evaluación deba tener en cuenta todas y cada una de esas condiciones. El producto no tiene que satisfacer todas las necesidades concebibles para que la evaluación sea objetiva. En la mayoría de los casos, sólo cuentan el uso y el usuario típicos. Los filósofos tienen la costumbre de tratar de universalizarlo todo. En el mundo de lo práctico, en el que viven los evaluadores, no es necesario ni deseable recoger todas las posibilidades, como exigiría el mundo imaginario de la posibilidad lógica.

De hecho, el objeto sometido a investigación posee ciertas propiedades y atiende a determinadas necesidades, gustos, deseos y fines, y esa determinación depende de que los criterios seleccionados sean los correctos para la evaluación. En algún lugar, se encierra la idea de que el producto, o lo que sea, satisface alguna necesidad o preocupación humana. Que el objeto lo haga o no es un dato objetivo. No obstante, el conocimiento de la finalidad de un automóvil, por ejemplo, no basta para derivar de él ciertos criterios, como la seguridad, la comodidad y la fiabilidad. Para deducirlos, hemos de tener en cuenta otras finalidades humanas, como el impulso a vivir sin daños. Esos criterios no tienen nada de subjetivo ni de arbitrario, salvo en el sentido de que atienden a necesidades o deseos humanos. Es un dato objetivo que ciertos automóviles son más seguros que otros, teniendo en cuenta las características humanas y las pruebas, quizá en forma de estadísticas de seguridad.

Es obvio que, a veces, unos criterios chocan con otros, por lo que tenemos que llegar a los juicios después de reflexionar. Los coches más seguros pueden ser más pesados y más dañinos para el medio ambiente. Las conclusiones no pueden interpretarse de forma automática, como si leyéramos un termómetro. Con frecuencia, hemos de distinguir los criterios importantes de los que lo son menos, aunque todos sean apropiados. En las evaluaciones de automóviles, esta selección se efectúa reduciendo el campo de comparación a coches de un cierto tipo o precio (restricción de dominio) o clasificando los coches según todos los criterios relevantes, de manera que los consumidores puedan hacer sus propios juicios acerca de los criterios que consideren más importantes.

Los destinatarios de la evaluación y los interesados

La lógica de la evaluación presenta una complicación importante. Supongamos que estamos evaluando un programa de enseñanza de las ciencias apoyado por la *National Science Foundation* (NSF). No sólo tenemos que considerar la naturaleza del programa para llegar a los criterios apropiados. Quizá tengamos que justificar el programa ante el Congreso, la fuente de financiación. Es posible que tengamos que decir a los participantes en el programa lo que estemos haciendo. También puede que queramos decir a los directivos de la NSF qué programas suyos están funcionando bien.

Cada uno de estos posibles destinatarios requiere una información diferente. Aunque hay informaciones que pueden ser útiles para todos, el Congreso querrá conocer el "impacto" del programa: el número de profesores participantes, el número de estudiantes afectados, el porcentaje de ascenso de las puntuaciones obtenidas en los tests. Los directivos del programa querrán saber qué partes de sus programas funcionan bien y cuáles no, con el fin de modificar lo que haga falta. Los funcionarios de la NSF desearán saber cómo pueden asignar fondos a los programas que mejor funcionen. Ahora, podríamos imaginar todos los destinatarios potenciales y preparar una evaluación para cada uno, pero, una vez más, esto es el mundo real y, ¿quién tiene los recursos necesarios para llevar a cabo tales evaluaciones? Además, aunque contáramos con los recursos, sería muy costoso. ¿Por qué recoger información para unos destinatarios imaginarios?

Podemos distinguir también entre destinatarios e interesados. Los destinatarios son quienes leen el informe de evaluación y pueden utilizar de algún modo los hallazgos, mientras que los interesados son quienes reciben el producto, el programa o la política, poniendo en juego sus intereses. Con frecuencia, unos destinatarios son los mismos interesados. Sin embargo, es posible que algunos interesados nunca lean el informe, aunque estén en juego sus intereses más vitales, como los niños que participan en programas educativos o los pacientes de programas médicos. De todos modos, es probable que sus intereses sean importantísimos. La evaluación debe considerar cada grupo cuyos intereses estén vitalmente afectados de una forma u otra.

Pensemos en el evaluador que elabora razonamientos para distintos destinatarios, con el fin de mostrar que el programa se desarrolla de manera satisfactoria, razonamientos

© Ediciones Morata, S. L.

en los que se tengan en cuenta las necesidades o la conveniencia de los interesados relevantes (HOUSE, 1980). La omisión de necesidades importantes de los interesados se traduce en una evaluación inadecuada (sesgada). Por supuesto, una estrategia puede consistir en recoger información que satisfaga todos los criterios de todos los destinatarios. Sin embargo, los recursos de cualquier evaluación no llegan a abarcar todas las pruebas necesarias para todos los destinatarios posibles. En consecuencia, la pregunta crítica es: ¿Quiénes son los destinatarios e interesados principales de esta evaluación? La especificación de los mismos supone un avance importante para decidir los criterios que emplear.

Por ejemplo, en un caso que trataremos más adelante con detalle, KARLSSON (1998) llevó a cabo una evaluación de los servicios sociales asistenciales de Suecia, entre cuyos interesados estaban políticos preocupados por la eficacia económica, directores de programas preocupados por el control de programas, profesionales de los servicios sociales preocupados por los principios orientadores de la asistencia, padres preocupados porque los profesionales se interesaran por sus hijos y los mismos niños, preocupados por su contacto con sus compañeros de colegio. Parecía que habría que recoger información relativa a la principal preocupación de cada grupo.

¿No se consigue de este modo que los criterios y la evaluación sean *relativos* a los valores y preferencias de destinatarios e interesados? Hasta cierto punto, es cierto en el sentido de que la evaluación es particular e incompleta, no general. No incluye todos los criterios, destinatarios e interesados concebibles. Sin embargo, los destinatarios e interesados seleccionados no son arbitrarios. Tampoco lo es ninguna preocupación de los destinatarios o interesados; ni lo es cualquier criterio que algunos destinatarios quieran que se incluya en la evaluación. La naturaleza del programa, su función, lo que esté haciendo son consideraciones decisivas.

La especificación de los destinatarios e interesados completa el contexto de la evaluación, y la comprensión del contex-

© Ediciones Morata, S. L.

to es crítica, incluyendo la finalidad de la evaluación y el modo probable de utilización de los resultados. La evaluación profesional no se produce en un vacío. No es una evaluación para uno mismo, sino que es un proceso social y cognitivo a la vez. Supone derivar criterios; recoger, analizar e interpretar la información, y comunicar los resultados a otras personas. Cuando construimos razonamientos acerca de si un programa o política son buenos, estamos en trance de diseñar la evaluación. ¿Dónde están los puntos débiles del razonamiento? ¿Qué hay que fortalecer para construir el razonamiento? ¿Qué aceptarán como pruebas creíbles los destinatarios principales? ¿Se tienen en cuenta los intereses de los diversos grupos de interesados? En último término, el evaluador debe reunir todas estas consideraciones.

La elaboración de razonamientos que resulten persuasivos para los demás no significa que el ejercicio en cuestión sea pura retórica. Es muy posible que el razonamiento refleje la realidad de la situación, aunque los datos y razonamientos que parezcan más persuasivos a los distintos destinatarios no sean los mismos. Por ejemplo, es fácil que las entrevistas intensivas con unos pocos estudiantes parezcan, a los participantes en el programa, pruebas persuasivas del pensamiento crítico que estén buscando, mientras que es poco probable que unas pocas entrevistas informales resulten convincentes al Congreso. Sin embargo, tanto las entrevistas informales como los indicadores de carácter más formal reflejan la realidad del rendimiento del programa, aunque de distintos aspectos del mismo.

Puntos de vista

Pongamos la cuestión en clave (quizá demasiado) filosófica. Hay una diferencia entre "lo bueno de un tipo X", que significa que desempeña una función, y "lo bueno, desde el punto de vista Y", que significa que afecta los intereses de Y

(URMSON, 1968). Podemos decir: "ésta es una buena carretera", que significa que reúne las características que deben tener las buenas carreteras. La carretera es recta y suave. Ésta es una evaluación de "lo bueno de un tipo", que se observa más a menudo en las evaluaciones de productos. Sin embargo, consideremos: "esta carretera es una cosa buena desde el punto de vista del campesino". El hecho de disponer de la carretera significa que los campesinos pueden llevar con facilidad sus productos al mercado, aunque dice poco acerca de la calidad o de las características de la carretera en cuanto tal, en cuanto una cosa de este tipo. No obstante, la existencia de la carretera es buena desde la perspectiva de los campesinos (favorece sus intereses particulares). Cuando tenemos productos, programas o políticas que satisfacen intereses de manera diferenciada, la evaluación es "buena desde una perspectiva", la perspectiva de un interesado.

Ambos puntos de vista son corrientes en la evaluación profesional, pero, a veces, se confunden. Con frecuencia, oímos a evaluadores que dicen que el objeto que se revisa tiene ciertas características o funciones (se supone que un programa médico cura a pacientes), y a otros que sostienen que los criterios deben proceder de las perspectivas de los grupos interesados (ponerse al servicio de sus intereses). En realidad, podemos hacer ambas cosas en una evaluación y en una única evaluación, mediante el empleo de criterios múltiples. La evaluación se convierte en una combinación de las características de la entidad y las necesidades o conveniencias de los interesados.

Desde luego, en cierto sentido, ambos aspectos van unidos. Las características de una buena carretera son las que el conductor típico desea en una carretera. Las cosas de cierto tipo sirven a un usuario típico o implícito. Lo bueno desde una perspectiva también satisface intereses, pero aquellos que son más especiales y particulares. En entidades complejas, que tienen efectos diferenciados en distintos grupos, el "punto de vista" cobra una importancia especial.

© Ediciones Morata, S. L.

Para complicar aún más las cosas, puede haber puntos de vista muy abstractos: agrícola, económico, político, estético (TAYLOR, 1961), etcétera; por ejemplo: "ésta no es una buena política desde el punto de vista agrícola". De un modo o de otro, un punto de vista se desarrolla en torno a una institución. Podemos derivar criterios basados en lo que sea bueno desde el punto de vista agrícola, que es más abstracto que el punto de vista de los campesinos. "La política de exportación de Nueva Zelanda es buena desde el punto de vista agrícola", es decir, el que promueve los intereses de la agricultura.

Aunque esto parezca tangencial para la evaluación, no lo es. Muchos programas y políticas se juzgan desde un punto de vista económico, sin considerar los intereses de grupos más específicos. Es más, los criterios económicos se utilizan con regularidad en la evaluación sin una justificación explícita. Se da por supuesto que las consideraciones económicas son importantes. Podemos pensar que esto refleja la influencia omnipresente de las instituciones económicas en la sociedad en su conjunto, del mismo modo que podemos pensar que los puntos de vista religiosos no se aplicarán en la evaluación profesional contemporánea.

El punto de vista general que se adopte puede encubrir los intereses de los grupos a los que beneficie. "Bueno desde el punto de vista agrícola" puede significar que se beneficiarán los grandes agricultores, pero no los pequeños. Entre los grupos interesados, puede haber intereses encontrados. En la evaluación de productos, evitamos este problema considerando fundamental el interés del consumidor típico, aclarando la opción entre los intereses del consumidor y los del productor. Hay una gran diferencia entre un buen automóvil, desde el punto de vista del consumidor y un buen automóvil desde el punto de vista de *General Motors*.

En la evaluación de programas y políticas, la idea de los intereses en conflicto es aún más apremiante: distintos programas y política pueden producir beneficios diferenciados según los diversos grupos, una razón importante por la que la comunidad de la evaluación ha elaborado el concepto de evaluación del interesado (Bryk, 1983; Weiss, 1983). La definición de los criterios apropiados se convierte en una parte de la evaluación que evoluciona.

En resumen, hay, al menos, estas posibilidades de derivar criterios:

- Inspeccionar el producto, programa o política.
- Consultar los modelos aceptados de evaluación.
- Preguntar a los destinatarios potenciales, incluyendo a los clientes.
- Preguntar a los interesados.
- Considerar los puntos de vista institucionales.
- Determinar las necesidades de los receptores.
- Considerar el contexto del programa y de la evaluación.
- Consultar la bibliografía de investigación sobre el tema.
- Considerar las teorías sociales, como las de la justicia y el género.

En realidad, Rogers y Owen (1995) han señalado numerosas fuentes potenciales de criterios evaluativos y es difícil desechar ninguno de ellos.

¿Cómo podemos hacer todas estas cosas? ¿Cómo podemos reunir todas estas consideraciones? Hay maneras formales e informales de hacerlo. Las formales adoptan la modalidad de reglas y procedimientos que la comunidad evaluadora ha adoptado como orientaciones, que han sido debatidas en el seno de la comunidad durante mucho tiempo. Estas formas son los modelos de evaluación y los métodos de recogida y análisis de información. Este conocimiento formal es la base de la formación del evaluador. Las orientaciones más recientes recogen normas deontológicas. Hay menos acuerdo sobre la derivación de criterios o la combinación de resultados. Estos procedimientos no han sufrido una formalización ni un escrutinio riguroso. En estos casos, recurrimos, en la mayoría de las ocasiones, al razonamiento informal.

Un ejemplo

Imaginemos la evaluación de un programa educativo, un programa de alfabetización de tercer grado, basado en la enseñanza holística. Por una parte, el evaluador debe preocuparse por los resultados a corto plazo frente a los resultados a largo plazo. Es posible que el programa haga que los niños disfruten aprendiendo y adquieran mejores destrezas lingüísticas, pero que esto no se traduzca en mejoras en los tests estandarizados de lectura, en comparación con los programas más estructurados, sobre todo los concordantes con los contenidos y procedimientos de los tests. Por sus visitas al centro, el evaluador sabe que la prolongación del programa depende de que la evaluación garantice al consejo rector que el programa funciona. Los miembros del consejo quieren resultados y es posible que los tests estatales pongan de manifiesto que sus escuelas no se desenvuelven tan bien como las de los distritos escolares cercanos. Los padres esperan ansiosos que sus hijos aprendan a leer rápidamente.

El evaluador debe descubrir y tener presentes estas cosas. Quizá razone que sería conveniente utilizar medidas diferentes de éxito, unas adaptadas al aprendizaje a largo plazo y otras al aprendizaje a corto plazo. El test estatal es obligatorio, por lo que ahí hay una probable medida. El evaluador puede inspeccionar el test para ver qué tipos de ítems se utilizan y cómo reflejan el programa de lectura. Para equilibrar esta medida con otras, las muestras del trabajo de los alumnos, graduadas por un grupo de maestros, puede constituir un indicador de unos resultados de aprendizaje más holísticos. Las entrevistas con los padres, los alumnos y los maestros pueden dar idea del entusiasmo de los niños ante el programa: ¿cuánto leen en casa? ¿Cuánto ayudan los

© Ediciones Morata, S. L.

padres? ¿Hasta qué punto son compatibles sus acciones con el aprendizaje holístico? Cuando se combinan los resultados de estos procedimientos de recogida de información, es fácil encontrar datos contradictorios. Quizá las puntuaciones de los alumnos en los tests sean ligeramente peores que las del resto del distrito. ¿Puede explicarse esto por el rendimiento antecedente o por factores como la clase social? ¿Puede explicarse por el contenido del test, en relación con el contenido del programa? Por otra parte, quizá el rendimiento del trabajo de los alumnos se considere superior, en comparación con el trabajo de otros alumnos, y los padres informen que sus hijos están entusiasmados con la clase y que ayudan más a sus hijos en casa con las tareas de lectura. Cuando el evaluador analice esa información, debe hacerse una idea del modo de casar todas estas cosas. Muchas consideraciones hacen referencia a determinados datos y criterios. ¿En qué medida es bueno el trabajo del alumno? ¿Hasta qué punto están entusiasmados los padres? ¿En qué medida son malas las puntuaciones de los tests? ¿Hasta qué punto son buenos los mismos tests? En este caso, ¿qué importancia global tiene el rendimiento a largo plazo frente al rendimiento a corto plazo?

Como estos factores están determinados en gran parte por circunstancias locales e interactúan mucho con otros factores locales, la determinación del valor del programa depende en gran medida del contexto. En realidad, es mucho más fácil hacer juicios en contexto, cuando tenemos información específica, concreta. En la situación concreta, podemos hacer un juicio razonable acerca de cómo cooperan estos diversos factores para producir los resultados obtenidos. En otra situación, estos factores podrían interactuar de forma diferente. Quizá otros maestros no se hubieran involucrado tanto, el contenido del test fuera diferente o las aspiraciones de los padres no hubieran sido las mismas.

Al vincular todas estas cosas, el evaluador construye una descripción de la situación concreta, que supone valorar los

© Ediciones Morata, S. L.

criterios, los datos y los intereses, aunque se opongan entre ellos. En otras palabras, el evaluador trabaja para crear una descripción coherente de la situación en términos evaluativos. Esa descripción no constituye una declaración general sobre el valor de la enseñanza holística de la lectura en todas partes, sino sobre el valor de este programa en este momento y en este lugar, en estas circunstancias.

De ahí que la evaluación realizada sea particular. Su posibilidad de generalización a otros contextos depende de factores de otros entornos y resulta problemática por la dificultad de identificar y explicar los factores en interacción. La posibilidad de generalización no es un simple problema de muestreo, sino también un problema esencial. No sólo difieren los factores relevantes en distintos contextos, sino que también puede cambiar hasta cierto punto con cada contexto la importancia que se asigne a los diversos factores. Puede discutirse la evaluación si se demuestra que el evaluador no ha tenido en cuenta algún dato o criterio importante, de manera que la descripción muestre una coherencia falsa, o que el evaluador ha sopesado de forma inadecuada los factores, lo que acarrearía que un informe diferente fuera más coherente. Las evaluaciones no pueden eliminar los conflictos. De todos modos, producen los mejores juicios a los que podemos llegar en la situación, dados los conflictos existentes.

Veamos otro ejemplo. ¿Qué es mejor, la formación a corto plazo o la formación a largo plazo? Planteada así, esta pregunta de evaluación no admite una respuesta. ¿Qué clase de formación, para quién, con qué motivo, con qué fin, a costa de qué? Falta el contexto y, sin un contexto, la cuestión es demasiado abierta para poder evaluar. Hay que definir de alguna manera un contexto, por ejemplo: "La *National Science Foundation* se está planteando la financiación de cursos de verano de formación para profesores de matemáticas y ciencias naturales y el problema estriba en si es mejor optar por cursos de 2 ó de 8 semanas". Las especificaciones y limitaciones proporcionadas por el contexto hacen posible la evaluación. En caso contrario, el problema es tan abierto y ofrece tantas posibilidades que resulta indeterminado.

La deliberación en contexto

La idea general es que los evaluadores trabajan en un contexto para efectuar una evaluación general coherente, partiendo de la información procedente de diversas fuentes. Mediante una deliberación esencial, un procedimiento para tratar datos, criterios e intereses particulares en su contexto, los evaluadores pueden determinar el mérito o valía de programas, políticas y personal (HURLEY, 1989).

Dos ideas clave son: efectuar la evaluación en un contexto dado y llevar a cabo una evaluación que sea coherente. En general, la mejor evaluación es la que recoge todo con la máxima coherencia. No obstante, si el evaluador consigue la coherencia omitiendo criterios o datos importantes y relevantes, la evaluación será discutible. Por supuesto, ningún informe será perfectamente coherente, pues el evaluador tiene que enfrentarse con criterios e intereses diferentes.

No tiene por qué haber un criterio dominante al que apele el evaluador, aunque sí pueda surgir en el transcurso del estudio. En cambio, el evaluador debe afrontar su tarea con los criterios y datos específicos en la situación concreta. De hecho, la limitación del contexto permite que el evaluador haga esos juicios con acierto. La consideración de datos y criterios particulares facilita un juicio bien fundado porque limita las posibilidades que harían intratablemente compleja la determinación del valor.

El proceso deliberativo tiene varias etapas (HURLEY, 1989). *En primer lugar,* establecemos los conceptos básicos. Para el evaluador, esto significa descubrir qué criterios ha de aplicar, lo que no siempre resulta fácil. El evaluador examina la situación para hacerse una idea de los problemas, incluyendo los relevantes. Las orientaciones indican los criterios que deben tenerse en cuenta. Por ejemplo, uno podría ser: "Tener en cuenta en la evaluación los puntos de vista de los principales interesados"; otro: "Relacionar los criterios con los objetivos del programa", y otro: "Analizar los objetivos del programa".

Esas consideraciones son las de carácter general que plantea la comunidad evaluadora. Los evaluadores profesionales comparten conceptos y prácticas, incluyendo los modelos establecidos de evaluación y los procedimientos de recogida de información, que han aprendido mediante su educación, experiencia y afiliación profesional. Basándose en esos conocimientos, tratan de ver qué conceptos y prácticas deben aplicar. Las alternativas y las comparaciones dependen del descubrimiento y la iluminación de distintos aspectos de la evaluación. "Administración de tests" y "rendimiento del estudiante", "rentabilidades a largo y a corto plazo", "consejos escolares" y "padres" son conceptos con los que están muy familiarizados los evaluadores educativos.

Otra fase de la deliberación supone la especificación del contenido de estas consideraciones generales: ¿Quiénes son, exactamente, los principales interesados en este caso? ¿Cuáles son los objetivos del programa? ¿Qué resultados pueden preverse? En estas consideraciones intervienen unos datos concretos en contextos concretos en relación con personas concretas. En consecuencia, el evaluador deriva un diseño revisando los datos para decidir lo que merezca la pena tener en cuenta y determinar la importancia relativa de tales consideraciones.

Si los elementos encajan, no hace falta ir más allá, pero, con frecuencia, hay conflictos. Es posible que los padres y el consejo escolar deseen cosas diferentes. Puede que los padres quieran que sus hijos escriban bien, pero el consejo escolar prefiera que se eleven las puntuaciones obtenidas en los tests. En situaciones conflictivas, puede ser útil que los evaluadores articulen los criterios, principios y fines que infor-

© Ediciones Morata, S. L.

man sus prácticas profesionales. En parte, la determinación de la importancia y el equilibrio pueden suponer la reflexión sobre ejemplos de otros casos: ¿Cómo se han equilibrado en otros estudios los resultados a largo y a corto plazo? ¿Cómo se han resuelto otros casos similares? ¿Cómo se han criticado esas evaluaciones en el pasado? Puede ser útil conocer estudios de programas semejantes.

Desarrollamos los conceptos relativos a los criterios definiendo con detalle el rendimiento: ¿Cómo se juzga y se mide el rendimiento? El evaluador examina las relaciones entre los criterios y la información, subordinando quizá los primeros a la segunda o remitiendo a estudios anteriores o a analogías con otras situaciones, para determinar las relaciones entre los criterios. Más adelante, el evaluador se hace idea de las relaciones entre los distintos elementos. Si las puntuaciones en los tests son algo más bajas que las de un grupo de comparación pero las puntuaciones holísticas indican que los escritos de los alumnos son mejores, ¿dirá acaso que el programa es satisfactorio? El evaluador debe equilibrar los resultados a corto plazo con los de largo plazo y unos resultados medidos de forma diferente con los otros. ¿Cómo habrá que valorar cada uno?

Por otro lado, la información específica impone restricciones. ¿En qué medida estos maestros concretos ponen en práctica de forma adecuada este programa? ¿Hasta qué punto están comprometidos con él? El evaluador recoge información, da ideas sobre las relaciones entre los criterios y extrae la mejor combinación posible. Por último, llega a un juicio de síntesis general, muy competente en la mayoría de los casos. (Por supuesto, el procedimiento es más confuso de lo que pueda dar a entender este proceso idealizado de razonamiento.)

En su mayor parte, estas consideraciones se basan en preocupaciones fundamentales, en cuestiones de contenido concreto, más que en procedimientos formales. Por un lado, hay prácticas profesionales heredadas por el evaluador.

© Ediciones Morata, S. L.

Éstas se aplican en la mayor parte de las situaciones y proporcionan al evaluador puntos de partida, en relación con las determinaciones que sean legítimas. Por otro lado, el evaluador debe conocer los detalles del entorno y del programa, con el fin de emitir juicios informados. Cuando conoce esos detalles, puede ver con más claridad qué posibles diseños, medidas y procedimientos de recogida de información tienen sentido.

El evaluador es capaz de tomar múltiples criterios e intereses relevantes y combinarlos en juicios "omniabarcadores" en los que todo quede consolidado y relacionado. Combina las puntuaciones de los tests con la información de las entrevistas, el aprendizaje a largo plazo con el aprendizaje a corto plazo, los intereses de los padres con los del consejo escolar y con los de los niños.

Para conseguir esto, el evaluador debe hacer juicios. Como el árbitro de un partido, el evaluador debe seguir ciertas reglas, procedimientos y consideraciones —no todo vale. Aunque intervenga el juicio, se trata de un juicio que se efectúa en el marco de las limitaciones del ambiente y las prácticas aceptadas. Dos evaluadores diferentes pueden tomar determinaciones distintas, como lo harían dos árbitros, pero las interpretaciones aceptables son limitadas. En la medida en que haya espacio para que el evaluador utilice el juicio, el procedimiento deliberativo es individual. En la medida en que la situación esté restringida, el juicio es profesional, lo que no supone negar que unos evaluadores sean mejores que otros.

Los evaluadores no están de acuerdo acerca del carácter más o menos sistemático que deba tener la síntesis final de una evaluación. Por ejemplo, SCRIVEN (1994) afirma que el razonamiento evaluativo puede reducirse a tres etapas —test, validación y síntesis— con procedimientos normalizados para llegar a "inferencias probatorias" (conclusiones aceptables, siempre que no haya pruebas contradictorias importantes). Por otra parte, STAKE y cols. (1997) opinan que esas declaraciones están demasiado regidas por reglas. Consideran que el "juicio perceptivo" constituye un elemento crítico de la evaluación. El evaluador experimenta la cualidad de algo y trata de explicar, precisar y representar esta cualidad en el informe. Sin embargo, las conclusiones no se extraen mediante procedimientos formalizados. Primero va el juicio, después las normas.

En todo caso, los evaluadores deben hacer muchos juicios acerca de lo que haya que hacer, para los que no existen unas reglas profesionales claras. No puede ser de otra manera, con independencia del enfoque de evaluación que se adopte. Para los evaluadores, la responsabilidad personal es una servidumbre del oficio, como lo es para los médicos, que deben hacer docenas de juicios clínicos cada día y esperar lo mejor. Las reglas y procedimientos de ninguna profesión son lo bastante explícitos para impedir esto. La eliminación de los sesgos se efectúa mediante la revisión externa.

Ésta es, pues, nuestra primera aproximación a la elaboración de las afirmaciones profesionales y legítimas de valor. Nos extenderemos sobre ello más adelante, en la Tercera Parte. Antes, en la Segunda Parte, criticamos las diferencias que presentan otros teóricos de la evaluación en cuanto a su forma de concebir la distinción entre dato y valor, su forma de tratar la conexión entre evaluación y democracia y su consideración de la función del evaluador.

Segunda parte
Críticas de otros puntos de vista

CAPÍTULO III

La concepción heredada

La "concepción heredada" ha constituido el punto de vista predominante sobre la función de los valores en la evaluación, desde que apareció como campo diferenciado en la década de los sesenta. La concepción heredada asume una versión de la dicotomía dato-valor, aunque tenemos que advertir de inmediato que esto no supone que sus proponentes sean positivistas. De hecho, algunos se oponen frontalmente a la concepción positivista del saber. Sin embargo, la asunción de la dicotomía dato-valor, aunque sea en esta forma atenuada, malinterpreta la función de los valores en la evaluación y puede conducir a una práctica profesional que diste mucho de la ideal.

Centramos nuestro análisis en CAMPBELL (1974, 1982) y en SHADISH, COOK y LEVITON (1995), como nuestros paradigmas primordiales de la concepción heredada, aunque otros teóricos de la evaluación también se destaquen como partidarios de esa perspectiva. Digamos desde el primer momento que estos teóricos han realizado algunos de los trabajos más excelentes del campo de la evaluación. Al criticar sus posturas sobre los valores, hemos seleccionado a los mejores estudiosos como paradigmas y ello no supone que cues-

© Ediciones Morata, S. L.

tionemos sus aportaciones globales al campo de estudio. Sólo queremos cuestionar un aspecto de su trabajo: su perspectiva sobre los valores.

He aquí un resumen esquemático del argumento del capítulo: CAMPBELL rechazó los principios del positivismo, insistiendo en que no existe una estructura fundamental del saber ni una observación pura que pueda validar ni refutar las afirmaciones de saber. Dichas afirmaciones tenían que ponerse a prueba frente al conjunto general del resto de las proposiciones de saber para ver si eran coherentes con ellas.

Sin embargo, CAMPBELL (1974, 1982) consideraba los valores de un modo muy diferente. Se adhirió explícitamente a la dicotomía dato-valor, diciendo que no podemos hablar racionalmente sobre los valores, sino aceptarlos o rechazarlos de acuerdo con unos fundamentos indeterminados. Por tanto, cuando se trata de evaluar programas, los evaluadores sólo pueden determinar si el programa en cuestión ha funcionado o lo ha hecho mejor que otros de acuerdo con algún objetivo (valor); los evaluadores no tienen forma de examinar racionalmente los valores subyacentes. En este sentido, las afirmaciones de valor son diferentes, desde el punto de vista epistemológico, de las afirmaciones de saber.

Es evidente que esta postura limita el alcance aceptable de la evaluación. La incapacidad de criticar los objetivos o las premisas subyacentes impone graves restricciones a los evaluadores. Pueden quedar sin someterse a examen los aspectos más importantes de los programas y políticas. Desde nuestro punto de vista sobre los datos y los valores, los evaluadores pueden examinar los objetivos y valores del programa o política que evalúen y, en la práctica, así lo hacen con frecuencia.

Hay también una versión nueva de la concepción heredada. Las afirmaciones de SHADISH y cols. (1995) tienen un fundamento de carácter más práctico (en vez de epistemológico). Sostienen que, como cuestión práctica, hay demasiado

© Ediciones Morata, S. L.

desacuerdo en torno a los valores para que los evaluadores puedan llegar a unas conclusiones de valor aceptadas por todos. Es más, si los evaluadores llegaran a unas conclusiones esenciales de valor, ni los políticos ni otros aceptarían la legitimidad de tales afirmaciones. Creerían que los evaluadores estaban imponiendo sus puntos de vista personales en vez de actuar como profesionales.

En consecuencia, los evaluadores deben clasificar los enunciados de valor como *valoraciones descriptivas* o *valoraciones prescriptivas*. Con la valoración descriptiva, los evaluadores informan de los valores de otros con respecto a los programas y políticas sometidos a revisión. La valoración prescriptiva, que llega a conclusiones explícitas de valor basadas en valores esenciales, no debe utilizarse mucho, sólo cuando exista un acuerdo significativo sobre el valor. En la práctica, lo más que pueden esperar los evaluadores, en la mayoría de los casos, es llegar a conclusiones como: "Si tú valoras Y, entonces es X". Los evaluadores proporcionan a cada grupo importante de interesados información sobre los programas y políticas que promuevan los valores asumidos por el grupo, sin que los evaluadores "prescriban" esos valores.

Llamamos a esta segunda versión de la concepción heredada *minimalismo axiológico*. El minimalismo axiológico no llega a la concepción extrema, históricamente relacionada con el positivismo, la *independencia de los valores*, que se basa en la dicotomía estricta entre dato y valor. Los partidarios del minimalismo axiológico admiten que *algunos* valores son esenciales en la evaluación. Por ejemplo, aceptan la idea de que ciertas profesiones, como la de evaluador, deben tener unas normas éticas. De hecho, SHADISH ha participado en la elaboración de esas normas para la *American Evaluation Association*. No obstante, desde su punto de vista, esos valores deben reducirse al mínimo.

Creemos que el minimalismo axiológico se fundamenta en dos tesis subyacentes: *a)* la indecidibilidad radical de los

© Ediciones Morata, S. L.

valores y *b)* la concepción emotiva (o preferencial) de la democracia. La primera tesis no hace sino constatar el excesivo desacuerdo sobre los valores sociales para que sirvan de fundamento de la evaluación. La segunda tesis se refiere al tipo de democracia al que sirve la evaluación, una concepción particular de cómo deben registrarse y tratarse las preocupaciones de los interesados.

Nosotros, en cambio, no estamos de acuerdo con la tesis de que los valores sean indecidibles, basándonos en que muchos enunciados evaluativos mezclan datos y valores que, con frecuencia, resulta imposible delimitar y en que no es fácil separar las valoraciones descriptivas de las prescriptivas, pues también éstas se mezclan. Los evaluadores pueden llegar a conclusiones evaluativas ajustándose a los procedimientos de la evaluación profesional. No obstante, éstos deben contar con un marco axiológico específico en el que operar, que debe justificarse.

En primer lugar, cuestionamos la idea de que los enunciados de datos y de valores puedan separarse con precisión o que las descripciones se limiten a describir. En determinados contextos, como los informes de evaluación, las descripciones de ambientes, programas y políticas (sean neutras con respecto a los valores o puramente descriptivas) a menudo son evaluativas en el contexto del informe. De hecho, los evaluadores aprovechan sus capacidades de utilizar descripciones para fortalecer unas conclusiones evaluativas y, a la inversa, los enunciados evaluativos también son, con frecuencia, descriptivos.

En segundo lugar, cuestionamos el argumento de que, al haber tanto desacuerdo sobre los valores, la solución práctica consiste en presentar resúmenes condicionales de valor ("X es bueno si tú valoras Y"). SHADISH y cols. sostienen que, para los evaluadores, no es práctico presentar afirmaciones de valor más concluyentes porque los políticos saben que hay un desacuerdo axiológico endémico. En caso contrario, no se escucharía a los evaluadores.

© Ediciones Morata, S. L.

Nuestro contraargumento es que, de por sí, el carácter práctico no es justificación suficiente para la evaluación. Debemos preguntarnos: ¿práctico, para qué? Hay cosas que pueden ser prácticas para fines malos. La utilización del carácter práctico como criterio primordial de la evaluación significa que los evaluadores pueden ponerse al servicio de los fines que pretendan los clientes o los políticos, sean los que sean. La evaluación debe tener más en cuenta unos objetivos sociales elevados que su utilidad para quienes tengan el poder (por supuesto, no basta con criticar lo práctico como fin; debemos manifestar cuáles son los objetivos sociales en los que pensamos). Veamos ahora los argumentos detallados que caracterizan la concepción heredada de los valores, argumentos que merecen una consideración muy seria.

La tesis de la indecidibilidad radical

La tesis de la indecidibilidad radical sostiene que, con respecto a los valores, hay un desacuerdo omnipresente que no puede eliminarse. En relación con esta tesis, hay tanto formas de explicar el desacuerdo como maneras de afrontarlo. Aunque puedan distinguirse, no es fácil separar estos dos aspectos. Trataremos primero de explicar el desacuerdo.

La explicación de la indecidibilidad de los valores

Una de las explicaciones más claras y concisas de la indecidibilidad de los valores es la que presenta el gran teórico de la evaluación Donald CAMPBELL (1982):

> Las herramientas de la ciencia descriptiva y de la lógica formal pueden ayudarnos a implementar los valores que ya aceptemos o hayamos escogido, pero no son constitutivas de esos

© Ediciones Morata, S. L.

valores. En último término, los valores se aceptan, pero no se justifican.

(Pág. 123.)

CAMPBELL hace suya explícitamente la distinción entre dato y valor de "los positivistas lógicos y sus predecesores" (pág. 123). Como los positivistas, percibe una importante distancia epistemológica entre la ciencia descriptiva, por una parte, y los valores, por la otra. Los valores son indecidibles porque carecen de fundamento cognitivo; hay que "escogerlos" y "aceptarlos" y no podemos "justificarlos". No podemos tratarlos de forma racional, estudiarlos, discutirlos ni determinarlos.

¿Cuál es el fundamento de la diferencia epistemológica entre datos y valores, según el positivismo? En el capítulo siguiente, presentamos una caracterización más completa de la concepción de los valores del positivismo. Para lo que aquí pretendemos, baste señalar que la concepción de los valores se deriva del principio positivista central de la *verificabilidad:* para que una afirmación pueda considerarse como un saber legítimo, para que sea "cognitivamente significativa", ha de ser comprobable, tanto por observación directa como mediante la lógica formal. (Nótese el paralelismo con la expresión "herramientas de la ciencia descriptiva y de la lógica formal" de CAMPBELL.)

Como las afirmaciones de valor no pueden verificarse (ni refutarse) de ninguna de estas maneras, los positivistas estiman que carecen de contenido cognitivo: no son, de ninguna manera, afirmaciones de saber, sino expresiones disimuladas de emociones. Por tanto, la distancia entre los datos y los valores, característica del positivismo, es un corolario de su epistemología general y no una tesis independiente por derecho propio. El hecho de que la distinción positivista entre dato y valor sea un corolario de la epistemología positivista provoca la inconsistencia de la concepción general de CAMPBELL.

CAMPBELL fue un crítico precoz y eficaz del positivismo en la investigación social. Hizo suya la idea, aceptada de forma bastante generalizada desde la publicación de *Structure of Scientific Revolutions* de KUHN (1962), de que la verificabilidad positivista era insostenible. No hay forma de aislar por completo la información empírica de los conceptos y marcos teóricos de referencia. Al contrario, la información y los conceptos están siempre mezclados, de manera que el saber científico está siempre "marcado por la teoría" o, como dice CAMPBELL (1974), es "hipotético".

En esta perspectiva, la verificación y la refutación son holísticas: los enunciados se ponen a prueba entre sí para ver su coherencia y consistencia y algunos de ellos son (inevitablemente) hipotéticos. Los enunciados sobre datos se ponen a prueba frente al conjunto mayor de los datos. Visto de otra manera, en la investigación científica, siempre hay afirmaciones, incluidas algunas sobre datos, que han de "aceptarse pero no justificarse". Así, la idea de CAMPBELL de que los valores deben "aceptarse pero no justificarse" no distingue las afirmaciones de valor de las de saber en general. En esta perspectiva pospositivista, también hay datos que debemos aceptar sin más.

Da la sensación de que CAMPBELL no se hubiera percatado de la rígida conexión entre la postura epistemológica del positivismo y su postura sobre los valores, de que, para ser coherente, el abandono de la epistemología supone el abandono del corolario de la distinción entre dato y valor. Sin el criterio de la verificabilidad mediante el que juzgar las cosas, igual que los datos no pueden aislarse de la teoría, tampoco los datos pueden aislarse de los valores. En consecuencia, igual que los datos están marcados por la teoría, también ellos están marcados por la teoría (al menos en la investigación social).

A la luz de estas conexiones, para preservar una distinción rígida entre dato y valor, hace falta un análisis o justificación independiente, no positivista. A nuestro entender,

© Ediciones Morata, S. L.

CAMPBELL no da ninguna. Al contrario, se alinea de forma explícita con el análisis positivista y la distinción rígida entre dato y valor. En realidad, dudamos que pueda sostenerse una defensa independiente de la distinción entre dato y valor.

No obstante, en vez de discutir y criticar todas las posibilidades, optamos por presentar una explicación alternativa de los valores, plenamente consistente con la epistemología pospositivista. Nuestra explicación se desarrolla a lo largo de este libro. Nuestra concepción general es que los evaluadores no sólo son capaces de documentar los objetivos y valores de los programas y las políticas, sino que pueden y deben examinar críticamente los objetivos y los valores como parte de las evaluaciones. Las afirmaciones relativas a datos y a valores pueden someterse a prueba en relación con el conjunto holístico más amplio de afirmaciones de datos y valores. Esa perspectiva conduce a unas prácticas y funciones de los evaluadores un tanto diferentes de las defendidas por CAMPBELL.

Una versión más reciente de la concepción heredada se encuentra en el importante libro de SHADISH y cols. (1995): *Foundations of Program Evaluation*. En paralelo con la distinción de CAMPBELL entre ciencia descriptiva y valores, SHADISH y cols. distinguen entre "valoración descriptiva" y "valoración prescriptiva". En la valoración descriptiva, los evaluadores se limitan a describir los valores que sostienen los distintos interesados; en la valoración prescriptiva, los evaluadores incorporan y presentan sus propias posturas de valor, por ejemplo, una determinada concepción de la justicia (p. ej.: HOUSE, 1980).

SHADISH y cols. dicen que los evaluadores deben limitarse primordialmente a la descripción, pero, en vez de hacer una exposición en *clave epistemológica*, a lo CAMPBELL (dado que los valores no pueden justificarse, no es legítimo que los evaluadores hagan juicios de valor), su exposición se mantiene más o menos en el terreno de las *claves prácticas* (como es público y notorio en la sociedad el desacuerdo acerca de los valores, no es práctico que los evaluadores hagan juicios de valor). En el próximo epígrafe, volveremos sobre el carácter práctico de las cosas, pero primero estudiaremos si SHADISH y cols. pueden evitar comprometerse con el vacío epistemológico entre ciencia (valoración descriptiva) y valores (valoración prescriptiva) que caracteriza la concepción de CAMPBELL, teniendo en cuenta otras particularidades de su postura.

SHADISH y cols. incluyen en su libro apartados diferentes sobre los "componentes de la teoría de la evaluación" de "saber" frente a los de "valor", prueba indirecta de que asumen el vacío epistemológico entre datos y valores. La consecuencia es que el saber y los valores son tipos de cosas diferentes. Otra prueba es la distinción entre lo descriptivo y lo prescriptivo. Hacen advertencias reiteradas sobre la inconveniencia de la valoración prescriptiva, a causa de los desacuerdos generalizados acerca de ella, a diferencia de la valoración descriptiva.

Esa postura no supone *necesariamente* un vacío epistemológico entre la descripción y la prescripción. Pudiera ser simplemente un dato acerca de la valoración prescriptiva con respecto a los problemas prácticos. Sin embargo, como SHADISH y cols. están comprometidos con la idea de la posibilidad de describir las cosas sin prescribirlas también, parecen asimismo comprometidos con una versión de la dicotomía dato-valor en un nivel implícito. En caso contrario, la distinción entre las valoraciones descriptiva y prescriptiva no cumpliría su función de permitir (exigir) a los evaluadores que identifiquen y prescindan de sus propios compromisos esenciales de valor, dejando sólo los componentes descriptivos. En otras palabras, parece que, desde su punto de vista, haya un vacío epistemológico entre la descripción y la valoración.

Es un fundamento inestable sobre el que erigir una teoría de la evaluación. En las últimas décadas, los filósofos han rechazado convincentemente la idea de que la descripción (valoración descriptiva) y la evaluación (valoración prescripti-

© Ediciones Morata, S. L.

va) puedan separarse de manera satisfactoria. Planteándolo de otro modo, igual que la descripción está marcada por la teoría, también está marcada por los valores. Sin duda, muchos enunciados aislados pueden ser prácticamente independientes de valores, por ejemplo: "2 + 2 = 4"; "el gato está encima de la estera"; "George Washington fue el primer presidente de los Estados Unidos". Sin embargo, es erróneo concluir de estos ejemplos que exista una clara línea divisoria epistemológica entre descripción y evaluación. Cuando el saber se enmarca en la epistemología contemporánea, holística, relacionada con ideas del estilo de los "paradigmas" y los "esquemas conceptuales", el contexto y el saber básico cobran una importancia máxima para la interpretación de los significados de los enunciados.

Así, podemos imaginar que la oración: "George Washington fue el primer presidente de los Estados Unidos", pronunciada en cierto lugar y en un momento determinado, en un ambiente concreto, tenga un carácter netamente evaluativo. Por ejemplo, supongamos que durante la conversación se pone de manifiesto que George Washington fue un varón blanco y propietario de esclavos. En ese caso, "George Washington fue el primer presidente de los Estados Unidos" puede utilizarse para evaluar negativamente los comienzos del país —por ejemplo, como patriarcal y racista. Como observa SCRIVEN (1969), la cuestión fundamental es que

> en último término, no hay un lenguaje objetivo, y la cara más interesante de la moneda es que muchos enunciados que, en un contexto, tendrían un carácter claramente evaluativo, en otro, son manifiestamente objetivos. Ejemplos evidentes son los juicios sobre la inteligencia y el mérito de actuaciones como las de los corredores en los juegos olímpicos.
>
> (Pág. 199.)

De modo semejante, en una evaluación, podemos partir de lo que parezcan hechos y descripciones simples, pero, a menudo, estas descripciones están al servicio de las conclusiones evaluativas que seguirán en el informe. El evaluador ha seleccionado la descripción para apoyar las conclusiones evaluativas que vendrán más adelante. Por ejemplo, recordemos cómo la descripción de STAKE (1995) de una escuela elemental de Chicago se ajusta de forma coherente con sus conclusiones evaluativas. En este contexto, la descripción de la escuela tiene consecuencias evaluativas que se incluyen de manera deliberada, aunque el texto sea, al mismo tiempo, descriptivo. Los pasajes descriptivos-evaluativos constituyen partes clave del informe, aunque los lectores sólo capten más tarde todas las consecuencias del mensaje de STAKE. De hecho, todos los investigadores cualitativos expertos trabajan de este modo. Si no lo hiciesen así, sus estudios no serían coherentes ni eficaces.

La clave está en la forma en que el contexto determina el mensaje evaluativo del texto. Lo que, en un contexto, parece descriptivo, en otro, no sólo es descriptivo, sino que se convierte en evaluativo, como en el ejemplo de George Washington. Es más, a menudo, el contenido evaluativo es una parte indispensable de una descripción precisa. Comparemos los siguientes enunciados:

- "Jones mató a Smith con malicia" y "las acciones de Jones condujeron a la muerte de Smith".
- "Los padres latinos se muestran pasivos cuando tratan con los funcionarios escolares" y "los padres latinos carecen de agresividad en su trato con los funcionarios escolares".
- "El director del proyecto robó 50.000 € de fondos del proyecto" y "el director del proyecto ingresó 50.000 € de fondos del proyecto en su cuenta personal".
- "Los homosexuales y las lesbianas jóvenes están oprimidos en las escuelas públicas" y "los homosexuales y las lesbianas jóvenes tienen unas dificultades desproporcionadas en las escuelas públicas.

© Ediciones Morata, S. L.

En cada uno de los pares de oraciones anteriores, la primera descripción presenta un carácter más evaluativo que la segunda. Sin embargo, estas descripciones no son tendenciosas ni inexactas por esa razón. En cambio, *describen* distintos estados de las respectivas cuestiones y, en consecuencia, tienen que satisfacer diferentes condiciones de verdad. El cambio de su contenido evaluativo modifica lo que se describe. Es más, la modificación de su contenido evaluativo con el fin expreso de hacerlas más neutras para la evaluación puede comprometer su capacidad de guiar la práctica (RORTY, 1982). En cada uno de los pares anteriores, la primera descripción señala mejor los problemas y las soluciones que la segunda.

Por tanto, una vez más, creemos que estos enunciados contienen mezclas de datos y valores y no están ni unos ni otros en estado puro o, dicho de otro modo, los enunciados son descriptivos y evaluativos al mismo tiempo, y muchos informes de evaluación están tan estructurados que incluso las descripciones aparentes o las afirmaciones evaluativas aparentes contienen elementos importantes de datos y valores, dado su contexto de utilización. Nuestra conclusión es que los evaluadores deben reconocer la presencia de estas mezclas de datos y valores.

Ante la indecidibilidad

Los argumentos del epígrafe anterior cuestionan los fundamentos epistemológicos de la dicotomía dato-valor. Sin embargo, la indecidibilidad "de facto" en el campo de los valores sigue siendo una cuestión importante. El hecho de que se asuman y propongan diferentes conjuntos de valores (y que, con frecuencia, seamos incapaces de resolver las disputas sobre ellos) lleva a algunos proponentes de la concepción heredada a decir que los valores deben erradicarse, separarse de los datos y dejarlos a un lado como cuestión *práctica*.

© Ediciones Morata, S. L.

Una vez más, el trabajo de Donald CAMPBELL (1982) constituye un buen punto de partida para explicar la concepción heredada:

> Una estructura de poder establecida, con la capacidad de emplear a científicos sociales aplicados, la maquinaria de la ciencia social y el control de los medios de divulgación produce un sesgo injusto de la situación de la producción en masa de afirmaciones de creencias de las ciencias sociales aplicadas... Yo deploro esta situación, pero me encuentro en condiciones óptimas de expresar mi desaprobación si mantengo el antiguo constructo de la verdad, las precauciones en contra de las deformaciones egoístas de una camarilla y una distinción dato-valor vigorosamente encarecida.
> (Pág. 125.)

Ahora bien, estamos de acuerdo en que CAMPBELL señala un grave problema de la investigación social (como hace con frecuencia): los desequilibrios de poder pueden inclinar en un sentido u otro los descubrimientos de la investigación social, favoreciendo determinados intereses. Sin embargo, dudamos que los datos y los valores puedan separarse por completo. Así, no hay descripciones neutras respecto a los valores, del tipo asumido por CAMPBELL, con su "distinción dato-valor vigorosamente encarecida". Lejos de eliminar los sesgos, al aceptar la premisa de que puede haber descripciones neutras respecto a los valores, introducimos formas disimuladas de sesgos.

Por ejemplo, consideremos el concepto de "inteligencia" y si es posible hacerlo neutro respecto a los valores. Es difícil imaginar que la inteligencia mantenga su interés actual si no se identifica con algo bueno. En cuanto tal, su contenido evaluativo la acompaña en la constelación de creencias, políticas y prácticas en la que está inmersa. La creencia de que pueda eliminarse su contenido evaluativo de la "ciencia descriptiva" sólo se traduce en el paso subrepticio de valores a la política. La alternativa consiste en investigar, evaluar y debatir las consecuencias de utilizar el concepto de inteligencia al formular la política.

Por su parte, SHADISH y cols. enfocan el problema de qué hacer en relación con la indecidibilidad de facto respecto a los valores en términos prácticos. Critican por poco prácticos a los teóricos de la evaluación (en especial a HOUSE y SCRIVEN) que defienden los compromisos de los evaluadores con los valores esenciales (valoración prescriptiva). Los aspectos básicos del argumento de SHADISH y cols. (reinterpretado para explicar las premisas) son: *a)* la indecidibilidad en el dominio de los valores es un hecho; *b)* todo el mundo sabe esto, incluyendo a los responsables de las políticas y los interesados; *c)* la incorporación y presentación de los valores esenciales en el desarrollo, descubrimientos y recomendaciones de una evaluación es una valoración prescriptiva; *d)* dados a) y b), los responsables de las políticas y los interesados rechazarán las evaluaciones que lleven consigo valoraciones prescriptivas de los evaluadores; *e)* en consecuencia, las evaluaciones que incorporen unos valores esenciales son poco prácticas.

Ahora bien, ¿qué significa decir que algo es poco práctico? El hecho de ser práctico no es un bien categórico, es decir, un bien en sí mismo. La afirmación "X es (poco) práctico" es una elipsis de "X es (poco) práctico como medio para Y". La "Y" en la que parecen pensar SHADISH y cols. es "tener acceso, ser escuchado, ser tomado en serio y tener influencia en la elaboración de la política". Es comprensible que SCRIVEN (1986) rechace esa postura por demasiado comprometida. Requiere que los evaluadores acepten los valores y objetivos de los clientes y de los responsables de la política, sean cuales fueren. Sin duda, el evaluador sólo querrá ser práctico en relación con un fin bueno, pero no con uno malo.

Por ejemplo, los evaluadores que evalúan los efectos del tabaco no son malos profesionales, aunque se ignoren los resultados porque el grupo de presión de los fabricantes de tabaco acuse de tendenciosos a los investigadores por hacer

© Ediciones Morata, S. L.

"valoraciones prescriptivas", basadas en los efectos adversos de fumar sobre la salud. Si "tener acceso, ser escuchado, ser tomado en serio y tener influencia en la elaboración de la política" son los únicos objetivos de la evaluación, los evaluadores pueden limitarse a estar al servicio de quienes tengan el poder, apoyando la situación a la que Campbell se opone.

Shadish y cols. matizan su postura diciendo que, a veces, es adecuada *cierta* valoración prescriptiva y es posible que digan que uno de esos casos sea el del tabaco. Podemos pensar en otras circunstancias en las que también crean justificada la valoración prescriptiva, como las relacionadas con la salud, el delito, el racismo o el sexismo. Entre las variedades legítimas de valoración prescriptiva, también incluirían los códigos deontológicos de conducta profesional. En consecuencia, dado que Shadish y cols. asumen algunas valoraciones prescriptivas, relacionamos sus ideas con el minimalismo axiológico en vez de con la independencia de los valores, pues consideran necesaria cierta valoración prescriptiva.

Ahora bien, aquí está el problema: *cuando se reconoce la legitimidad de la valoración prescriptiva, hay que presentar algún razonamiento que justifique por qué ha de reducirse al mínimo o indique hasta dónde pueda llegar.* El argumento de lo práctico no consigue justificar esa postura, pues hacen falta otros criterios —más allá de la influencia del evaluador— para interpretar la "Y" de la fórmula: "práctico como medio para Y". Es posible que Shadish y cols. dispongan de ese argumento, pero no está claro en su libro.

Persistencia de la tesis de la indecidibilidad de los valores

¿Por qué sigue aceptándose de forma generalizada la tesis de la indecidibilidad de los valores a pesar del repudio casi unánime del positivismo y de la ciencia social independiente de los valores? Parece que hay tres factores que influ-

© Ediciones Morata, S. L.

yen en ello. *En primer lugar,* los ejemplos utilizados en apoyo de la dicotomía dato-valor están desequilibrados. Los ejemplos típicos hacen hincapié en los desacuerdos en torno a los valores y pasan por alto los acuerdos. *En segundo lugar,* no se acepta del todo que las mismas ciencias tengan valores reguladores, como la sinceridad, sin los que no podrían funcionar. *En tercer lugar,* la metáfora ocular del saber, profundamente enraizada, está siempre presente.

El presunto abismo epistemológico entre los datos y los valores se ilustra con frecuencia mediante la yuxtaposición de afirmaciones como: "la hierba es verde" y "el aborto es moralmente malo". WITTGENSTEIN (1960) dice que, a menudo, nos despista una dieta desequilibrada de ejemplos. Éste puede ser uno de tales casos. Los ejemplos utilizados son insuficientemente generales; toman afirmaciones objetivas incontrovertibles y las comparan con afirmaciones de valor discutibles. Para darle la vuelta al argumento, comparemos: "la luz está compuesta por ondas" y "torturar a los niños por diversión es bueno". He aquí una comparación en la que la afirmación que podemos considerar "objetiva" es más discutible que la considerada "de valor". La elección de "el aborto está mal" para apoyar la tesis de la indecidibilidad enmascara el acuerdo generalizado sobre los valores que caracteriza la vida social y, en realidad, la hace posible.

Además de "no tortures a los niños por diversión", consideremos las siguientes expresiones: "no escupas, pegues puñetazos ni des patadas en las espinillas a los transeúntes"; "no codicies las posesiones de tu vecino"; "no quemes la casa del vecino"; "no falsifiques los informes de evaluación". La vida social cotidiana depende del acuerdo sobre esas cuestiones. En realidad, en las sociedades contemporáneas, hay una enorme proporción de acuerdo sobre muchas cuestiones de valor, aunque se haga una desmesurada publicidad de los desacuerdos. Si no fuese así, estas sociedades no podrían existir.

Por su parte, la elección de "la hierba es verde" para ilustrar la decidibilidad de las afirmaciones objetivas enmascara el desacuerdo que con mucha frecuencia caracteriza la vanguardia de la ciencia. Además de la teoría ondulatoria de la luz, podemos pensar en la teoría heliocéntrica del sistema solar (en la época de GALILEO), la teoría de la desaparición de los dinosaurios a causa de una colisión, la teoría del Big Bang, etcétera. Todas ellas han sido muy discutidas en algún momento.

El hecho de que las comunidades científicas sean relativamente pequeñas y aisladas, cuenten con unos ámbitos de intereses restringidos y toleren en su seno unos desacuerdos que se mantienen ocultos al gran público contribuye aún más a esa dieta desequilibrada de ejemplos que estimulan la percepción de la división epistemológica entre la ciencia y los valores. En comparación, la comunidad moral y política es enorme, los intereses que alberga en su seno son vastos y los desacuerdos están a la vista de todos.

Otro ámbito en el que convergen la ciencia y los valores es el de las normas de la ciencia. Los principios normativos forman parte tanto de las "herramientas de la ciencia descriptiva y de la lógica" de CAMPBELL (1982) como del discurso moral y político. Especifican en qué consiste la *buena* práctica en relación con los valores reguladores, igual que guían la práctica de la evaluación. Comparemos: "la violación del principio de contradicción es irracional" y "la falsificación deliberada de los resultados de la evaluación es mala". La cuestión es que tanto la racionalidad y la ciencia como la moralidad y la política están reguladas por valores esenciales.

La tercera razón de que haya persistido la creencia en la indecidibilidad de los valores es el modelo ocular del saber: la construcción del saber como un "espejo de la naturaleza" (RORTY, 1979). Podemos comprobar que la hierba es verde mirándola. En cambio, por muy indiscutible que sea la prohibición de torturar a los niños, no hay forma de comprobarla *mirando* si refleja el modo de ser de las cosas en la realidad externa.

© Ediciones Morata, S. L.

Aparece aquí una diferencia entre lo que podemos ver y lo que no, pero creemos que marca una diferencia *dentro* del campo del saber y no *entre* el saber y algo que lo aparenta (las afirmaciones de valor). Por ejemplo, la explicación corriente de las personas que afirman de forma reiterada que ven elefantes de color rosa es que son irracionales. Lo mismo sirve como explicación de las personas que insistan en que está muy bien torturar a los niños por diversión. En este sentido, al menos, los dos casos son similares, desde el punto de vista epistemológico (véase, p. ej.: TAYLOR, 1995).

No decimos que *no* haya diferencias entre las afirmaciones de datos y las de valores, entre la ciencia y la política, entre la valoración descriptiva y la valoración prescriptiva, sino que las diferencias entre ellas son mucho menores que lo que se cree a menudo, porque, epistemológicamente, difieren mucho menos de lo que da a entender la mayoría de las explicaciones, hasta poder confundirse incluso. Las diferencias no son lo bastante fundamentales como para que impliquen que los evaluadores no puedan extraer conclusiones evaluativas racionales.

La concepción emotiva de la democracia

En esta parte del capítulo, investigamos la concepción de la democracia que parezca lógicamente consistente con la concepción heredada. Creemos que todos los evaluadores deben tener *alguna* concepción general del modo de informar sus estudios la sociedad y, en realidad, una concepción de la democracia y de la función que en ella desempeña la evaluación, aunque no se haga explícita esa concepción. La concepción heredada parece consistente con lo que llamamos *democracia emotiva* (expresión inspirada por MACINTYRE, 1981) o *democracia preferencial*. Es posible que SHADISH y cols. tengan otro punto de vista que no conozcamos, aunque la democracia emotiva parezca consistente con los puntos de vista manifestados por ellos.

En la democracia emotiva, los interesados hacen afirmaciones de valor que se asumen en su sentido literal, como son las preferencias. "Un valor es un valor" es un valor y las afirmaciones de valor compiten entre sí en el ámbito público. La fuerza de este punto de vista estriba en que explica el funcionamiento habitual de la democracia norteamericana. La debilidad del mismo está en que parece asumir la situación tal cual.

SHADISH y cols. rechazan las teorías globales de la justicia por considerarlas inviables para la evaluación, ya que son prescriptivas y las personas no están de acuerdo con ellas. Sin embargo, la democracia emotiva es también una "teoría prescriptiva" que se utiliza para encuadrar la práctica de la evaluación y criticar a otros teóricos de la evaluación. Las dos funciones que deja a los evaluadores son la descripción de los medios y la descripción de los grupos interesados, que a nosotros nos parecen restrictivas.

Teorías prescriptivas

SHADISH y cols. equiparan la "teoría prescriptiva" con una teoría política general, como la teoría de la justicia de RAWLS (1971). Invocan la indecidibilidad de los valores para demostrar la necesidad de evitar las teorías prescriptivas porque chocan con la promoción del "pluralismo de valores" (pág. 456). Apoyan su argumento de dos maneras: a) dicen que hay "alternativas creíbles" a la teoría de RAWLS (pág. 456), en concreto, la teoría de NOZICK (1974), y b) dicen que "la justicia no es sino una preocupación moral de la evaluación, junto con los derechos humanos, la igualdad, la libertad y la utilidad" (pág. 456). En consecuencia, dado que no hay forma de decidir entre diversas teorías de la justicia que chocan entre sí, ni entre la justicia y otros valores, los evaluadores deben dejar entre paréntesis los valores y limitarse a la "teoría descriptiva".

© Ediciones Morata, S. L.

No creemos que estos argumentos sean concluyentes. *En primer lugar,* SHADISH y cols. escriben como si facilitaran una *alternativa a la utilización de una teoría prescriptiva,* cuando, en realidad, *utilizan su propia teoría prescriptiva alternativa*: No utilicen la teoría de RAWLS ni otras similares porque impedirían el fomento del pluralismo de valores. De este modo, no se limitan a inhibirse porque, de forma implícita, rechazan la teoría de RAWLS. También rechazan implícitamente la teoría de NOZICK.

En segundo lugar, RAWLS y NOZICK no están de acuerdo, pero esto no significa que alguno de ellos tenga razón. A pesar de su hostil desacuerdo, la Proclamación de la Emancipación y la decisión tomada en el pleito de BROWN contra el *Board of Education* eran correctas. Del hecho de que la mayoría de la gente estuviera en desacuerdo con GALILEO no se deducía que no pudiera tener razón acerca de que la Tierra gire alrededor del Sol. De por sí, el desacuerdo no significa que una de las partes tenga o no tenga razón.

En tercer lugar, RAWLS y NOZICK presentan teorías globales en el contexto de una constelación compleja de conceptos y principios, como los derechos humanos, la igualdad, la libertad y la utilidad. Un aspecto importante de esas teorías consiste en que distinguen y clasifican diversos "valores". RAWLS y NOZICK presentan descripciones liberal-igualitarias y defensoras de la libertad y, aunque no estén de acuerdo, ambas distinguen entre aquello a lo que tienen derecho las personas y lo que sólo "valoran" (es decir, el deseo). Por ejemplo, el derecho de una persona a no ser discriminada es distinto del deseo de otra de retirarse a un lugar apartado. Si ambas cosas entraran en conflicto, el derecho a no ser discriminado tiene prioridad sobre el deseo de un retiro extravagante.

El punto de vista de SHADISH y cols. agrupa todos los valores: la justicia, la igualdad, los derechos, la vida, la libertad, los beneficios, las necesidades de los más perjudicados, la defensa, la asistencia sanitaria, los impuestos y tasas. La indecidibilidad de los valores cobra aquí mucha importancia: como los valores son discordantes y todos están en igualdad de condiciones, no hay justificación para emprender una deliberación conjunta sobre las diferencias de valor con el fin de encontrar una base común. La democracia basada en estas premisas se caracteriza por la lucha entre los distintos grupos interesados por conseguir sus propios fines.

La esencia de los valores enfrentados es irrelevante, porque "un valor es un valor". Para ser democráticos, los evaluadores deben limitarse a la "valoración descriptiva", a describir los valores en relación con los puntos de vista de los interesados y a otorgar el mismo tratamiento a estos puntos de vista. Dar mayor relieve a unas perspectivas que a otras es hacer una "valoración prescriptiva". Parece que así se desarrolla el razonamiento.

Veamos el pasaje siguiente, en el que SHADISH y cols. critican la idea de que los programas sociales deban evaluarse en relación con el servicio que presten para satisfacer las necesidades de quienes se encuentren en peor situación:

> Muchos interesados en la política social norteamericana discutirían las premisas y las recomendaciones de las teorías de la justicia, basadas en las necesidades, en relación con la reducción de las desigualdades sociales... es probable que las premisas y las recomendaciones de esas teorías igualitarias no resulten operativas en la política social de los Estados Unidos (LINDBLOM, 1977). Cuando se enmarca e implementa la política, es raro que los participantes en el proceso político traten de garantizar que se satisfagan las necesidades de los norteamericanos más desventajados antes que otras necesidades... La historia reciente indica que la política puede configurarse más o menos en torno a la política de defensa, los costes de la asistencia sanitaria, los impuestos y las prioridades de grupos distintos de quienes se encuentran en peores circunstancias. La selección de los criterios de mérito de las teorías de la justicia basadas en las necesidades puede traducirse en evaluaciones que difieran espectacularmente de los términos que se utilizan

en los debates políticos. Esto puede minimizar la utilidad de esas evaluaciones.

(Págs. 96-97.)

A pesar de ciertas precauciones —"es probable que no sean operativas", "puede traducirse", "puede minimizar"—, el mensaje es que los más perjudicados no pueden plantear reivindicaciones especiales frente a otros grupos, por ejemplo, *Fortune 500*, directores ejecutivos, contratistas de defensa o inversores ricos. Las reivindicaciones de los más perjudicados han de recibir un trato similar a las peticiones de los demás grupos y sólo si utilizan los "términos utilizados en los debates políticos".

Esta caracterización puede ser exacta en cuanto a su descripción del funcionamiento de nuestro sistema político y de "los términos de los debates políticos" que emplea, pero, ¿queremos *prescribir* el statu quo? ¿Haríamos lo mismo en el Sur de antes de la guerra o de la demanda de Brown contra el Consejo de Educación? Aún así, estaríamos comprometidos con algún tipo de marco político que determina cómo han de distribuirse los bienes de la sociedad.

Descripción de los medios y descripción de los grupos interesados

La concepción heredada sanciona dos funciones de la evaluación en su intersección con el sistema político y la acción política: la descripción de los medios y la descripción de los grupos interesados. Ambas se basan en la indecidibilidad de los valores y en el minimalismo axiológico. Sin embargo, difieren en cuanto al extremo al que lleven éstos, a consecuencia de la magnitud del acuerdo (infundado) que crean que exista (o deba existir) con respecto a los valores.

La *descripción de los medios* es la función de la evaluación que asume la teoría de Donald CAMPBELL. La premisa es que, aunque los valores (fines) eludan la justificación como no pueden hacer los datos (medios), hay algunos fines que es preciso "aceptar", como el alivio de la pobreza. La función de la evaluación consiste en investigar los medios que permitan llegar a esos fines e informar después a los responsables políticos.

Como hace suya la indecidibilidad de los valores, la descripción de los medios sólo puede fomentar el cambio social en la medida en que no se cuestionen los fines. Cuando se rompe el acuerdo, no hay recursos cognitivos con los que defender que unos fines, como la eliminación de la pobreza, deban colocarse por delante de otros fines, como impulsar las visitas de los esquiadores a Aspen.

Otro problema que plantea la descripción de los medios es que se adapta mejor a una sociedad tecnocrática que a la sociedad democrática (FAY, 1975; HOWE, 1992). Esto es cierto con independencia de que la descripción de los medios opere o no con suavidad. Después de todo, los medios sólo son tales en relación con un fin. La adopción de un fin determinado —por ejemplo, un mayor dominio de la informática— supone centrar la evaluación en el limitado conjunto de medios que puedan utilizarse para lograr ese fin. En consecuencia, esa investigación de los medios presupone la orientación de valor de quienes apoyen este fin de entre otros muchos que compitan con él para la captación de recursos.

La *descripción de los grupos interesados* está relacionada con versiones más modernas de la concepción heredada. En vez de investigar unos medios grandiosos para unos fines también grandiosos para toda la sociedad, la función de la evaluación consiste en construir "sumarios de valores" para los interesados: "Si X es importante para ti, el evaluando Y es bueno por las razones siguientes" (SHADISH y cols., 1995, página 101). De este modo, la evaluación se limita a hacer enunciados condicionales para los responsables políticos.

¿Acaso esto no es democracia? ¿No es democracia dar a todos una voz igual? Sí. ¿No consiste la democracia en hacer que ningún grupo imponga su punto de vista sobre una vida digna a los demás? Sí. ¿Y la descripción del grupo interesado no facilita precisamente estas cosas? Bueno, no, porque no se cumplen determinadas condiciones básicas que exige la democracia. No se trata de que los grupos que se encuentren en peor situación puedan ver representados sus intereses en pie de igualdad con los de otros grupos en la política y en la elaboración de políticas concretas. Por sus propios medios, es imposible que los más perjudicados tengan una voz igual a la de otros grupos. Los más perjudicados se ven obligados a aceptar que les impongan los puntos de vista de otros acerca de una vida digna.

Un remedio consiste en que los evaluadores traten de poner de manifiesto las necesidades de quienes se encuentren en peores circunstancias. Sin embargo, en su versión de la concepción heredada, SHADISH y cols. bloquean este remedio. Ha de evitarse esa práctica porque puede "minimizar la utilidad" de las evaluaciones al rodearlas de un vocabulario que no se utiliza en los debates políticos. Es más, el hecho de poner sobre el tapete las necesidades de los más perjudicados viola la prohibición que pesa sobre la valoración prescriptiva a presuponer una teoría de la justicia basada en necesidades. Desde nuestro punto de vista, la evitación del razonamiento basado en necesidades frustra la deliberación democrática fortaleciendo el poder.

Aparentemente, SHADISH y cols. incluirían los *intereses* (frente a las *necesidades*) de quienes se encuentran en peores circunstancias en las siguientes condiciones: *a)* si esto no viola el vocabulario propio de la política y *b)* si los intereses de los más perjudicados no reciben un tratamiento especial, es decir, se tratan igual que cualesquiera otros "sumarios de valores". SHADISH y cols. añaden esta condición: *c)* los más perjudicados deben hablar por sí mismos, sin que otros hablen por ellos; esto es necesario para no traspasar los límites de la valoración descriptiva.

Por tanto, cuando los evaluadores salven los necesarios

obstáculos que surjan respecto a la legitimidad de averiguar e incluir los intereses de quienes sufren las peores circunstancias y a cómo deban valorar la mayor o menor importancia de esos intereses, quedan advertidos de que han de asegurar que los más perjudicados hablen por su cuenta. Una vez más, se exige esto a los evaluadores para que se mantengan dentro de los límites de la valoración descriptiva: "Hacer que los más perjudicados hablen por sí mismos se incluye en la valoración descriptiva" (SHADISH y cols., 1995, página 51).

¿Significa esto que los evaluadores deban ser notarios que escriban lo que digan los diversos interesados, para presentar a continuación sus "sumarios de valores" a los responsables políticos? ¿O los evaluadores deben proporcionar información relevante, incitar, investigar, corregir, traducir, buscar aclaraciones y refundir? Estas últimas acciones se funden con la valoración prescriptiva de los evaluadores y es difícil (¿imposible?) evitar esta clase de acciones al representar los puntos de vista de las personas, aunque se manifiesten con sus propias voces.

La advertencia de que se haga que los más perjudicados hablen por sí mismos asume que quien describa la perspectiva de los más perjudicados influye en la valoración prescriptiva que contiene la descripción. ¿Y qué significa esto sino que es imposible deslindar la valoración descriptiva y la prescriptiva, que, sin dejar de ser simples notarios, los evaluadores no pueden hacer una sin hacer la otra? En caso contrario, los evaluadores no podrían representar los puntos de vista ni los intereses de nadie sin correr el riesgo de caer en la valoración prescriptiva.

Es evidente que, a menudo, quienes, sin culpa propia, se encuentran en peores circunstancias no están en buena posición para hablar por sí mismos: pueden carecer de información, tiempo, medio de transporte y entendederas políticas, mostrarse recelosos y estar intimidados. En pocas palabras, pueden carecer de posibilidades de acceso al foro

© Ediciones Morata, S. L.

público. Siendo cierto esto, el hecho de decidir a distancia lo que sea mejor para los grupos encierra sus peligros, uno de los cuales es el paternalismo mal orientado (aunque parezca que la atribución a todo el mundo del deseo de una alimentación, una vivienda, atención sanitaria y educación suficientes no suscite problemas). Nos ocuparemos más adelante de esta cuestión al hacer del diálogo un componente crítico de la evaluación.

En conclusión, muchos evaluadores aceptan alguna versión del punto de vista de que los datos y los valores son dos cosas distintas y deben mantenerse separadas en la teoría y en la práctica. Esa concepción es contraria al mejor pensamiento filosófico y puede llevar a unas prácticas no recomendables en absoluto. Puede colocar a los evaluadores en una posición al servicio de los intereses que en cada momento tengan los clientes o los políticos y de apoyo a la distribución del poder vigente.

En cambio, nosotros sostenemos que tanto los datos como los valores pueden someterse al razonamiento en el contexto de los estudios de evaluación. Pueden recogerse pruebas a favor y en contra de los enunciados evaluativos y debatirse su verdad. Ningún objetivo ni valor está exento de inspección. Esto da a los evaluadores una función amplia frente a la sociedad. No obstante, al asumir ese papel, los evaluadores deben proceder partiendo de unos marcos profesionales de referencia, explícitamente justificados.

© Ediciones Morata, S. L.

CAPÍTULO IV

La concepción constructivista radical

Este capítulo inicia un examen de los enfoques *dialógicos* de la evaluación. Una concepción dialógica se basa en la premisa fundamental de que la evaluación y la investigación social deben proceder mediante el diálogo con los sujetos de investigación, los participantes. De hecho, nuestro propio punto de vista democrático deliberativo es también dialógico y comparte características importantes con otros puntos de vista de este tipo.

En este capítulo y en el siguiente, explicamos dos perspectivas dialógicas que deben distinguirse de la concepción democrática deliberativa: el constructivismo radical (representado por Guba y Lincoln) y el postmodernismo (representado por Stronach y MacLure). De nuevo, hemos escogido en estas áreas, para criticarlos, a teóricos de primera fila y reconocemos desde el primer momento sus importantes aportaciones generales a nuestro campo. Queremos examinar sus premisas sobre los valores y el modo de influir éstas en su teoría y en su práctica.

La *concepción dialógica* se refiere al enfoque metodológico general producido por el "giro interpretativo" de la investigación social (Rabinow y Sullivan, 1979). El interpretacionismo es la filosofía de la ciencia social, ahora en boga, que comenzó a destacarse a mediados del siglo XX. Su característica fundamental es la concepción de la vida social y del saber social dependientes de la existencia de los seres humanos, sus actividades y su forma de interpretar y construir el mundo social. Los valores se encuentran en los intersticios de estas actividades, interpretaciones y construcciones y se descubren —y se crean— mediante el diálogo. No están "ahí fuera" (ni "ahí adentro") a la espera de ser catalogados. El diálogo es crítico.

En general, el interpretacionismo rechaza la idea de que pueda idearse un lenguaje científico impecable —un lenguaje para describir las cosas de forma neutra respecto a las teorías y los valores—, que se utilice para caracterizar e interpretar la conducta humana (un principio básico del positivismo). No es posible que los investigadores eviten esta situación contingente y autorreferencial y alcancen una perspectiva completamente desligada. Charles TAYLOR (1987) dice: "Tenemos que pensar en el hombre como en un animal autointerpretado... No existe una estructura de significados para él independiente de su interpretación de los mismos" (pág. 46).

La resolución exacta de la distinción entre dato y valor divide a los interpretacionistas. Los positivistas relacionaban los datos con la ciencia, los medios, la cognición, la objetividad, la verdad y la racionalidad. En la vertiente de los valores estaban la política, los fines, los intereses, la subjetividad, el poder y la irracionalidad. En cambio, los "constructivistas radicales" niegan la distinción neta entre dato y valor, aplicando la tesis de la indecidibilidad radical (que la concepción heredada reservaba a los valores) a *ambas* vertientes de la distinción dato-valor. La verdad y la objetividad no se encuentran en ningún sitio.

Nuestra propia perspectiva niega la distinción clara entre dato y valor, *sin* aplicar a ninguna de las dos vertientes la tesis de la indecidibilidad radical. Aunque los valores, los intereses y el poder puedan corromper —"distorsionar"— la ciencia y la verdad, las afirmaciones de verdad están sujetas al examen racional y pueden recuperarse si se generan de forma consistente con los requisitos procedimentales de imparcialidad, que impidan el predominio de los valores, los intereses y el poder egoístas.

Caracterización del constructivismo radical

Los teóricos más destacados de la evaluación constructivista radical son GUBA y LINCOLN (1989), que niegan la existencia de toda realidad objetiva. Desde su punto de vista, la "realidad" es una construcción humana que depende por completo del acuerdo entre los participantes: "Ahora bien, las construcciones son, literalmente, realidades creadas. No existen fuera de las personas que las crean y las mantienen; no forman parte de un mundo 'objetivo' que exista aparte de sus constructores" (pág. 143). Incluso las relaciones de causa a efecto son meras "imputaciones mentales" y no "reales" en un sentido empírico.

Dado que hay tantas "realidades sociales" construidas como individuos, la finalidad de la evaluación es negociar una idea común entre estas realidades múltiples, que pueda utilizarse como fundamento de la acción. Según GUBA y LINCOLN, la "verdad" es el resultado de un consenso entre individuos y grupos y, fuera de esa situación, carece de sentido. Su modelo de evaluación es el "círculo hermenéutico dialéctico" de investigación.

En su enfoque de la evaluación, se identifica, *en primer lugar,* a los interesados, a quienes se les pide que manifiesten con todo detalle sus preocupaciones, creencias, etcétera. *En segundo lugar,* todos los puntos de vista de los interesados se someten a los demás implicados para que hagan sus comentarios y críticas. *En tercer lugar,* las cuestiones que no se hayan resuelto en esta discusión inicial se convierten en organizadores avanzados de los datos que recojan los evaluadores en la siguiente fase de la evaluación. *Por último,* todos los interesados, en una sesión conjunta, consideran la información recogida y se intenta llegar al consenso sobre cada uno de los elementos discutidos.

Los resultados se obtienen por construcción conjunta cuando los representantes elegidos de los distintos grupos negocian entre ellos. Los participantes avanzan en circunferencias, revelando sus perspectivas acerca de la situación y cuestionando las otras. El consenso se logra mediante la confrontación de cada grupo con los demás y una mejor comprensión de su propia postura y las de los demás grupos. En realidad, de acuerdo con esta concepción, no pueden aprobarse ni desaprobarse los conjuntos de creencias fundamentales (paradigmas), que constituyen lo que las personas aceptan como básico. Sólo cabe estimular a los participantes para que se abran a otros puntos de vista y contribuyan a alcanzar el consenso de todos.

El proceso acaba cuando se alcanza el consenso o se acaban el tiempo y los recursos. Se llega al acuerdo sobre algunos ítems, a acuerdos parciales respecto a otros y, en algunos, no se llega a ningún acuerdo. No obstante, la resolución de problemas supone la acción. "Por su acuerdo conjunto, se comprometen conjuntamente a aceptar la responsabilidad continuada y a rendir cuentas sobre cualquier acción que se emprenda" (GUBA y LINCOLN, 1989, págs. 222-223). Durante este proceso, los evaluadores asumen la función de mediadores, facilitadores, colaboradores, aprendices, maestros, "configuradores de la realidad" y agentes de cambio. "Los evaluadores son orquestadores de un proceso de negociación que aspira a culminar en un consenso sobre unas construcciones mejor informadas y más complejas" (página 110).

Los evaluadores sólo insertan sus opiniones más tarde, en el proceso dialéctico, e, incluso entonces, sitúan sus puntos de vista al lado de los demás para que se tengan en cuenta. Si los puntos de vista del evaluador se presentaran demasiado pronto, se les daría excesiva importancia. No deben privilegiarse las construcciones del evaluador sobre las demás, salvo por razones de información superior o de mayor complejidad. Desde el punto de vista de GUBA y LINCOLN, la posibilidad de que los sesgos del evaluador configuren las conclusiones es baja, siempre que el proceso se desarrolle de acuerdo con los principios hermenéuticos dialécticos.

No obstante, es posible que estas construcciones sean erróneas. Las "construcciones erróneas" pueden ser incompletas, simplistas, desinformadas, internamente inconsistentes o extraídas mediante una metodología inadecuada. Es posible cuestionar las construcciones con información nueva y una mayor complejidad al tratar la información. "Al comprender que la única alternativa viable al relativismo es el absolutismo y que el absolutismo no es una postura congruente con el ideal democrático norteamericano, los interesados pueden abrirse de repente mucho más a las alternativas" (GUBA y LINCOLN, 1989, pág. 218).

Aunque sean dignos de admiración muchos aspectos de la participación de los interesados que promueven GUBA y LINCOLN, su idea presenta graves dificultades. La existencia de una realidad empírica externa es fácil de demostrar. Aunque todos los presentes estuvieran de acuerdo en que usted pueda atravesar una mesa con la mano, es obvio que no puede hacerlo. Los filósofos más importantes albergan pocas dudas sobre la existencia de esa realidad, aunque discutan acerca de la naturaleza de la realidad social y de sus relaciones con el pensamiento y la acción.

Desde nuestro punto de vista, es conveniente que los interesados participen en las evaluaciones, pero, ¿cómo pueden utilizarse sus ideas y preocupaciones? ¿Todas las perspectivas cuentan por igual? ¿Con qué fundamento discuten unos interesados con otros? Por regla general, los datos contribuyen a decidir las cuestiones, pero, si la realidad no existe, no hay datos a los que remitirse, ¿por qué hemos de atenernos a los datos recogidos por el evaluador? ¿Qué tienen de especial? Creemos lo que creemos y es difícil que signifiquen algo unos datos procedentes de una realidad inexistente.

Simplemente, tenemos que insistir de nuevo en que la pregunta: "¿Pero qué concepción es correcta?" es inadecuada. Las concepciones no son correctas ni erróneas, sino diferentes, dependiendo, en primer lugar, de cómo se forme la construcción, el contexto en el que se cree y los valores subyacentes a la construcción. No hace falta más investigación, sino más negociación.

(GUBA y LINCOLN, 1989, pág. 255.)

GUBA y LINCOLN consideran que la inconsistencia es un error, pero, ¿qué importa la inconsistencia? Si poseemos unas concepciones y éstas nada tienen que ver con una realidad externa o son inconsistentes entre sí, ¿qué importa? GUBA y LINCOLN aluden con frecuencia a que las creencias "complejas" son mejores o que las creencias mejor informadas son mejores. Sin embargo, si todas las perspectivas son iguales y no están conectadas con la realidad, ¿por qué ésas van a ser mejores?

La cuestión es que esos criterios suponen la existencia de algo aparte de las creencias mismas y el convencimiento de que la consistencia, la complejidad o más información llevarán a una construcción mejor. Una perspectiva nueva sólo puede ser mejor con respecto a algo exterior a las creencias. Así, hay cierta inconsistencia con las concepciones subjetivas que sostienen los participantes y las normas intersubjetivas necesarias para llegar al acuerdo.

También cuestionamos la postura de GUBA y LINCOLN con un fundamento moral. Supongamos que un participante presenta un punto de vista racista. ¿Acaso mantendremos que esa concepción es tan buena como las demás? De nada sirve decir que otros interesados manifestarán su desacuerdo.

© Ediciones Morata, S. L.

Otras personas pueden haberlo hecho en el pasado sin que se modificara la actitud de la persona. En nuestra calidad de evaluadores, ¿no hay manera de manifestar que una concepción racista es errónea? Si no la hubiera, la evaluación ni siquiera podría condenar las creencias moralmente reprobables. Al decir que carecemos de fórmulas para oponernos a estos puntos de vista ponemos de manifiesto por qué es insostenible el relativismo. (Desde luego, no creemos que, en su trabajo, Guba y Lincoln toleren personalmente tales puntos de vista. Sin duda, encontrarán formas de enfrentarse a esas ideas, pero dudamos que sus métodos para hacerlo sean coherentes con los principios relativistas.)

Aunque sea muy deseable la participación de los interesados, la igualdad de las creencias no puede ser el principio orientador supremo de las evaluaciones. Unos puntos de vista serán mejores que otros: unos serán incorrectos desde el punto de vista objetivo y otros serán moralmente erróneos. Incluso en las construcciones relativistas, las personas deben cuestionarse unas a otras para poder llegar a unos juicios de valor justificables.

Hay un sentido en el que los hallazgos son relativos al ambiente y al contexto concretos en los que unas personas determinadas, que hablen un lenguaje específico, los produzcan socialmente en un momento y en un lugar dados. Los hallazgos no son infalibles y están sometidos al cuestionamiento de otros que pueden suscitar las críticas correspondientes. Este sentido de relativismo (sociológico) es cierto. No obstante, hay otra tesis que afirma que todas las creencias son igualmente válidas y que no existen fundamentos racionales para preferir unas a otras. Este relativismo (judicial) es falso.

A menudo, los relativistas creen que, como el saber se produce socialmente, no puede criticarse desde un punto de vista racional, sin embargo, la segunda tesis no se deriva de la primera. En realidad, los criterios para escoger una postura u otra exigen que una esté mejor informada, sea más consistente,

© Ediciones Morata, S. L.

más coherente, más racional o moralmente superior en algún sentido. El hecho de que los descubrimientos sean un producto social no significa que no puedan ser verdaderos o falsos. Tras señalar estos errores de carácter general, realicemos un examen filosófico más detenido de las ideas constructivistas radicales.

Datos, valores y epistemología

GUBA y LINCOLN dicen que el positivismo no es erróneo ni incierto, sino que *está* "mal informado y carece de complejidad". ¿Por qué afirman tal cosa?

> El constructivista relativista, aunque no esté de acuerdo con la formulación positivista, puede aceptarla, no obstante, como una de entre muchas construcciones. El constructivista puede descubrir que la concepción positivista está mal informada y es poco compleja, pero no que sea *errónea* ni *incierta*.
> (GUBA y LINCOLN, 1989, pág. 16.)

En el enfoque "constructivista relativista" de GUBA y LINCOLN hay una tensión epistemológica. Por una parte, sostienen que todas las creencias, afirmaciones, teorías y valores son "construcciones" incluidas en la existencia humana. Es más, su punto de vista es extremo —"radical"—, porque las "construcciones" son cosas muy *subjetivas*, idiosincrásicas, creadas por "constructores" individuales y relativas a determinados puntos de vista.

Por otra parte, no les horroriza defender y hacer juicios *intersubjetivos*, por ejemplo, en relación al mérito de programas y teorías sociales como el positivismo. Sin embargo, los juicios intersubjetivos justificados (p. ej.: "La Tierra gira alrededor del Sol"; "Torturar a los niños por mera diversión es malo") excluyen las "construcciones" subjetivas individuales discordantes, o eso parece.

© Ediciones Morata, S. L.

Para evitar esta inconsistencia, GUBA y LINCOLN optan por evaluar las "construcciones" de forma intersubjetiva, atendiendo a su complejidad y a si están o no bien informadas, en vez de hacerlo según su corrección y su veracidad. ¿Qué hace que una perspectiva sea compleja y esté bien informada? Una atención adecuada a las pruebas. ¿Qué hace que una perspectiva sea correcta y cierta? De nuevo, una atención adecuada a las pruebas. Por tanto, utilizan "compleja" o "simple" y "bien informada" o "mal informada" como sustitutos de "correcto" o "erróneo" y "verdadero" o "falso". Si no utilizaran tales sustitutos y no hubiera criterios para decidir, no habría ninguna razón para preferir sus "construcciones" a otras, incluyendo las del positivismo (o el "paradigma convencional", como ellos lo llaman: pág. 83).

A su juicio, presentan una alternativa constructivista al "paradigma convencional". En su razonamiento, parece que hay dos aspectos centrales: *a)* hay que desechar ciertos conceptos epistemológicos clave, como "verdad", en virtud de determinadas interpretaciones que se les han vinculado, por ejemplo, que *"p* es verdadera" es igual a *"p* es segura y universal". Sin embargo, por otra parte, *b)* desechar la "verdad" (y el "absolutismo" con el que se ha asociado) como criterio orientador no tiene por qué llevar a abrazar la perspectiva extrema de "todo vale" (pág. 256). Así, según este razonamiento, hay que desechar la "verdad" a causa del punto a) e introducir en su lugar nuevos criterios a causa del segundo punto.

Esta línea de razonamiento sólo tiene sentido si se interpreta la "verdad" como universal y segura. Sin embargo, esa interpretación se acerca más a PLATÓN que al positivismo. Sólo basándose en una caracterización bastante dudosa del positivismo podemos encontrar algún apoyo para desechar por completo el concepto de "verdad". Repasaremos aquí parte de la historia de la filosofía de la ciencia. Comenzamos por el positivismo, pasamos a la alternativa kuhniana y, después, al giro interpretativo de la ciencia social para mostrar

© Ediciones Morata, S. L.

que el abandono del positivismo no tiene por qué llevar al constructivismo radical.

En contra de la interpretación de GUBA y LINCOLN, los positivistas tenían una inclinación marcadamente falibilista respecto a la verdad. De hecho, las únicas verdades que, desde su punto de vista, podían considerarse seguras y universales (a priori) eran las llamadas "verdades analíticas" que no iban mucho más allá de las convenciones de la lógica, por ejemplo, "si p, entonces p", o de los significados de las palabras, como "todos los solteros están sin casarse". Otras expresiones candidatas a la verdad estaban sometidas al requisito de la verificación (o refutación) en el plano de las consecuencias especificables de la observación, y esas verdades siempre eran falibles, siempre estaban sujetas a quedar superadas por nuevas pruebas de observación.

Además, los positivistas *no* eran realistas, una confusión corriente. La idea de que pudiera haber *en realidad* cosas auténticas, distintas de lo que pudiera reducirse a partir de las consecuencias de la observación, era para ellos anatema y, según pensaban algunos (p. ej.: AYER, 1936), un disparate metafísico. De hecho, los conductistas, inspirados en el positivismo, adoptaron esta postura respecto a los pensamientos, las mentes y las almas, pues había que eliminar la metafísica en beneficio de los observables.

En vez de realistas, los positivistas eran *objetivistas* de un tipo extremo. No decían que existieran en realidad auténticas cosas "ahí fuera", sino que los contenidos de la observación podían (y debían) ser completamente neutros e intersubjetivos. (Su fracaso a la hora de expresar esta tesis de un modo satisfactorio constituyó un motivo de desconcierto para los positivistas; entre otras cosas, ¡esa tesis era en sí misma metafísica!)

Por último, y aquí GUBA y LINCOLN están, sin duda, en lo cierto, los positivistas eliminaron los valores del dominio de la verdad y de la ciencia. Como las afirmaciones metafísicas, las de valor no podían cumplir los requisitos de la verificación: las afirmaciones de valor, como "el aborto es moralmente aceptable", no son verdaderas ni falsas en el plano analítico ni pueden especificarse unas consecuencias de observación que las hicieran empíricamente verdaderas o falsas. Por esta razón, los positivistas hicieron suya la "tesis de la indecidibilidad radical" de los valores: desde el punto de vista racional, no es posible decidir nada acerca de los valores. Para los positivistas, no había nada que hiciera que las afirmaciones de valor fuesen verdaderas ni falsas porque, como en la metafísica, no había nada en ellas que pudiera ser (literalmente) correcto ni erróneo.

Ahora bien, los positivistas recibieron críticas desde muchos frentes, pero las más devastadoras se dirigieron contra el principio de verificabilidad (véanse, por ejemplo: HOWE, 1985, 1988; PHILLIPS, 1983). Este principio puede enunciarse de este modo: toda afirmación que pueda considerarse "cognitivamente significativa", capaz de verdad o falsedad, ha de ser *analítica* (verdadera o falsa en virtud de la lógica o del significado) o *sintética* (verdadera o falsa en virtud de las consecuencias de la observación). El objetivo apuntaba a la auténtica ciencia y a eliminar la metafísica, así como unos valores cerrados sobre sí mismos y sesgados.

Sin embargo, se demostró que el mismo principio de verificabilidad era insostenible. Los positivistas nunca fueron capaces de dar una explicación satisfactoria del mismo e, incluso en las filas positivistas, se registraron desacuerdos importantes. Por último, QUINE (1962, cap. 2) y KUHN (1962) realizaron desde fuera del marco positivista una crítica que cuestionó con éxito la premisa básica: que lo puramente empírico (observacional) pueda separarse de lo puramente conceptual (teórico). El cuadro alternativo presentado por QUINE y KUHN consiste en que toda observación está "marcada por la teoría"; toda observación es relativa a un "esquema o paradigma conceptual". Por tanto, no puede haber afirmaciones científicas que sean neutras y objetivas, en el sentido de que no presupongan un esquema o paradigma conceptual.

© Ediciones Morata, S. L.

No obstante, de la idea de que la observación esté marcada por la teoría, ni Quine ni Kuhn extrajeron la conclusión de que, con el positivismo, haya que desechar la verdad, que el saber sea una *mera* interpretación, sino que hay que reinterpretar (reconstruir) la verdad —así como la objetividad y la racionalidad— de un modo más defendible. En consecuencia, ninguno de ellos abraza un relativismo radical.

Desde luego, la explicación quineana-kuhniana introduce una forma de relatividad del saber: la relatividad de los esquemas conceptuales. Es también "constructivista", en el sentido de que el saber no puede abstraerse de la actividad ni de la conceptualización humanas. Sin embargo, este tipo de relativismo-constructivismo está muy lejos del constructivismo radical e individualista. Sigue habiendo espacio para la verdad, la objetividad y la racionalidad en las comunidades que comparten los esquemas conceptuales, porque inherentes a esas comunidades son las normas que sirven de base a sus identidades y juicios intersubjetivos entre sus miembros. De hecho, uno de los puntos importantes de Kuhn es el carácter social y socializador de los paradigmas científicos.

Es más, aunque el paso de un esquema conceptual a otro no pueda caracterizarse en términos de reglas mecánicas, y no sean directamente acumulativos, esas "revoluciones" científicas o "cambios de paradigmas", como los llama Kuhn, no se basan en creencias subjetivas ni arbitrarias. Los problemas, el vocabulario y los cánones metodológicos compartidos, específicos de una determinada área del trabajo científico, cobran mucha importancia cuando se afrontan descubrimientos anómalos. Incluso cuando en el horizonte se alza una "revolución" científica, el antiguo paradigma se solapa significativamente con el nuevo, aunque éste no pueda asumirlo de manera directa ni completa (la descripción positivista del progreso científico) (Kuhn, 1977).

En general, los "valores" superiores (como los llama Kuhn) o "criterios pragmáticos" (como los llama Quine) se aplican de forma intersubjetiva para circunscribir las teorías ("construcciones") que sean candidatas viables y determinar cuáles se alzan con la victoria. Entre estos valores o criterios están la consistencia, la coherencia, el alcance, la simplicidad y la fuerza explicativa (Kuhn, 1977; Quine, 1970). De nuevo, la alternativa quineano-kuhniana al positivismo no desecha la verdad, la racionalidad científica ni la objetividad. Reinterpreta estos conceptos de una manera que prescinde de la base observacional pura de la ciencia asociada con el principio de verificabilidad del positivismo, y los sitúa en la línea de la historia de los avances teóricos. La racionalidad, la objetividad y la búsqueda de la verdad siguen siendo los hitos del quehacer científico y son conceptos intersubjetivos. Limitan las afirmaciones y las conjeturas que proponen los "constructores" individuales. En contraste con la versión radical, individualista, el "constructivismo" es un acto irremediablemente social llevado a cabo con materiales irremediablemente sociales.

De aquí, extraemos varias conclusiones. *En primer lugar,* hacen falta unos criterios intersubjetivos para alejar el espectro del "todo vale". La estrategia general de los pensadores pospositivistas ha consistido en reinterpretar la verdad y los conceptos relacionados con ésta, en vez de desprenderse de ellos. Otra razón para no abandonar la verdad, la objetividad y la racionalidad para sustituirlas por ideas menos conocidas, como la complejidad y la buena información, es la circunlocución. Por ejemplo, ¿es verdadera la afirmación: "George Washington fue el primer presidente de los Estados Unidos"? ¿Se trata de una afirmación bien informada y compleja? ¿Cuál es la diferencia? Presumiblemente, ambas responden a las pruebas.

En segundo lugar, un requisito corolario de los criterios intersubjetivos es que lo verdadero o falso y lo correcto o equivocado existen *y* algunos "constructores" estarán en mejor posición para decidir qué sea cada cosa. Es decir, hay expertos que tienen autoridad sobre los no expertos en determinados campos del saber. Lo que les confiere esa autoridad es su inmersión en una bibliografía determinada, su familiaridad con una problemática concreta y el vocabulario en el que ésta se manifiesta, y el dominio de unos medios aceptables de buscar la verdad. Para nosotros, esto significa que los evaluadores tienen un dominio especial, basado en la formación y la experiencia, del que otros carecen. Sus capacidades deben utilizarse de forma adecuada.

En tercer lugar, en principio, las controversias científicas son decidibles. Esto no significa que las teorías aceptadas sean infalibles. Tampoco quiere decir que las controversias científicas sean sólo decidibles apelando a unos criterios que puedan aplicarse mecánicamente a unas observaciones neutras que sirvan como ladrillos inertes del saber (como creían los positivistas; Howe, 1985, 1988).

No obstante, cuando pasamos de las ciencias naturales a las ciencias sociales y a la evaluación, las cosas se complican: *en primer lugar,* en las ciencias sociales, el principio de verificabilidad es problemático por partida doble, porque la realidad social es una construcción de ida y vuelta, pues sus "objetos" (sujetos, participantes), a diferencia de los objetos de la física, se interpretan a sí mismos y se rigen por normas. Dicho de otro modo, sus observaciones también están *marcadas por la teoría* y hay que tratarlas como tales. Por tanto, la realidad social debe investigarse de manera dialógica. Sin duda, Guba y Lincoln estarían completamente de acuerdo con esto.

En segundo lugar, entre las normas que interpretan los participantes en las investigaciones y que rigen su comportamiento están los valores morales y políticos, de manera que esos valores están implícitos en el vocabulario de la investigación social como no pueden estarlo en el de las ciencias naturales (Howe, 1985, 1988; Rorty, 1982; Scriven, 1969) —por ejemplo, comparemos el "racismo" con la "velocidad". La cuestión fundamental estriba en cómo desenterrar y negociar estos valores en el desarrollo de la evaluación.

Este proceso puede adoptar distintas formas. Paradójicamente, la concepción constructivista radical asume una perspectiva de los valores que comparte algunas características importantes con la concepción positivista. Como corolario del principio de verificabilidad, los positivistas elaboraron una teoría "emotivista" de los valores. Como las afirmaciones sobre los valores no pueden ser "cognitivamente significativas", los conceptos cognitivos, como "justificación", "argumento" y "razonamiento", no se aplican a los valores. Desde su punto de vista, las afirmaciones de valor son expresiones individuales de emociones. A pesar de las apariencias superficiales, la categoría cognitiva de "el aborto es malo" se asemeja mucho más a "¡No al aborto!" que a "La hierba es verde".

Esto no significa que los individuos no puedan conseguir la aprobación de los demás por sus posturas de valor, pero el mecanismo básico es *causal* y no *justificativo*. Supongamos, por ejemplo, que alguien se opone al aborto y trata de convencer a quienes lo aprueban para que modifiquen su forma de pensar. En un esfuerzo para excitar sus emociones, el defensor puede mostrarles fotos de fetos, vídeos de abortos, etcétera. El objetivo no consiste en llevarlos a *asumir la proposición*: "el aborto es malo", sino en *crear en ellos las emociones negativas* hacia el aborto que expresa: "el aborto es malo", cuando se pronuncia. Incluso, al tratar de convencer, podríamos invocar la razón, diciendo: "si estás contra el asesinato, tienes que estar contra el aborto".

Sin embargo, en esta perspectiva, la razón sólo funciona de forma indirecta para provocar unas emociones congruentes con ella. Las afirmaciones relativas a que el aborto sea un asesinato sólo tienen fuerza en la medida en que exploten unas actitudes negativas preexistentes (y no cognitivas) respecto al asesinato. Así, el razonamiento acerca de los valores adopta la forma hipotética: *"Si* asumes el valor X, también debes asumir el valor Y".

Consideremos ahora la caracterización que hacen Guba y Lincoln (1989) de su concepción "constructivista" (o "naturalista"):

> La realidad social no está objetivamente "ahí fuera", sino que sólo existe como una serie de construcciones mentales y sociales derivadas a través de las interacciones sociales. En vez de buscar una realidad externa, el naturalista busca realidades internas —las estructuras de sentido y de creencias que ordenan la existencia humana y sólo existen dentro de los individuos. Son los poseedores de esas realidades... quienes proporcionan las justificaciones. En consecuencia, la justificación no es más poderosa ni tiene mayor alcance que las personas que mantienen las construcciones.
>
> (Pág. 137.)

Y continúan:

> La primacía de los procedimientos de verificación se elimina, pues no hay nada que verificar. El objeto de la investigación naturalista consiste en identificar y describir diversas construcciones *émicas* y poner en contacto esas construcciones, con la intención de desarrollar una construcción más informada y compleja de lo que represente cualquiera de las construcciones émicas o la construcción *ética* del investigador o evaluador.
>
> (Pág. 138.)

Por último:

> El enfoque naturalista no busca la justificación de la posición actual de nadie, sino que busca la *conexión* entre posiciones como medio para acceder a un terreno intelectual, moral y ético superior.
>
> (Pág. 140.)

GUBA y LINCOLN no dan en estos pasajes ningún indicio de que asuman la descripción *emotivista* del *significado* de las afirmaciones de valor, como expresiones disimuladas de emociones. Por el contrario, la utilización de expresiones como *construcciones* y *estructuras de creencias* indican que mantienen una perspectiva diferente. Sin embargo, el emotivismo también adoptó una postura particular con respecto a la *justificación* de las afirmaciones de valor —la tesis de la indecidibilidad de los valores—, y podemos prescindir del análisis emotivista del significado y, no obstante, mantener su postura con respecto a la justificación (MacIntyre, 1981), como parece que hacen Guba y Lincoln.

Ambos comparten tres características con la justificación emotivista. *En primer lugar,* las afirmaciones de valor son subjetivas y expresan sólo lo que está "en el interior de los individuos". *En segundo lugar,* la justificación se identifica con el poder y la capacidad de persuasión de los individuos para promover las afirmaciones de valor. No existen criterios "externos" de acuerdo con los cuales comparar la justificación o "verificar" intersubjetivamente las afirmaciones de valor. *En tercer lugar,* partiendo de las dos primeras, la eliminación de los desacuerdos sobre los valores no debe enfocarse como un intento de llegar a la postura correcta (verdadera, más justificada) con la que *deban* estar de acuerdo las personas. En cambio, la eliminación de esos desacuerdos debe enfocarse como un intento de alinear las creencias, las construcciones y las emociones —para forjar "conexiones"— con las que las personas *estarán* de acuerdo.

En este sentido, la concepción de Guba y Lincoln acerca de la categoría epistemológica de los valores es similar a la concepción de la concepción heredada en cuanto a su aceptación de la indecidibilidad de los valores. Guba y Lincoln difieren al no trazar una divisoria rígida entre datos y valores y no aplicar en exclusiva la indecidibilidad radical a estos últimos. Como constructivistas radicales, aplican la indecidibilidad a todas las afirmaciones y desacuerdos relativos a la verdad. En consecuencia, lo que distingue su concepción de la heredada es su perspectiva epistemológica general, el constructivismo radical, y no sólo su concepción de la categoría epistemológica de los valores, y esto marca su enfoque de la práctica de la evaluación.

© Ediciones Morata, S. L.

La práctica de la evaluación

GUBA y LINCOLN (1989) defienden para la evaluación un "procedimiento hermenéutico dialéctico" (pág. 149). Se trata de un enfoque dialógico, pero tiene una peculiaridad importante: el *hiper-igualitarismo*. No sólo hay que escuchar a todos los interesados afectados (o han de estar representados), característica de los enfoques dialógicos en general, sino que ninguna afirmación de saber ("construcción"), incluyendo la del evaluador, ha de disfrutar de una posición privilegiada en relación con otras afirmaciones de saber, con independencia del modo más o menos experto y riguroso mediante el que puedan haberse inferido y apoyado tales afirmaciones. En este procedimiento, los evaluadores tienen que asumir la función de "mediadores y facilitadores".

Esto suscita la cuestión de si hay lugar para el saber experto y las destrezas propias de los evaluadores en cuanto tales. Si los evaluadores no han de ser sino mediadores, ¿acaso no deben saber y ser capaces de introducir en el proceso los descubrimientos pertinentes de la investigación social, así como sus propias "construcciones", que, presumiblemente, sean el resultado de la aplicación competente de los métodos de investigación empírica? GUBA y LINCOLN responden a esta cuestión, con respecto a los descubrimientos de la investigación social, de este modo:

> A quienes tienen que dar respuestas, puede parecerles que los datos documentales, las selecciones bibliográficas o la propia construcción del investigador están libres de cualquier reproche... En consecuencia, recomendamos que esos materiales externos se introduzcan de manera que no se revele su origen. En vez de decir, por ejemplo: "Los documentos de la Oficina del Censo muestran...", "La bibliografía sobre el aprendizaje muestra..." o "Mi opinión, basada en años de investigación, es que...", puede introducirse cualquier proposición dicien-

do: "Algunas personas creen que..." o "A veces se dice que..." e invitar a comentar el contenido.

(Pág. 154.)

Más adelante, dicen:

> Como en el caso de la bibliografía profesional, creemos que, si la construcción del evaluador se anunciara como tal, se le otorgaría una importancia excesiva. Sin embargo, si la construcción del evaluador se introduce de nuevo de manera poco notoria —"Algunas personas creen que..."—, queda abierta a la crítica sin que provoque temor a represalias ni vergüenza.

(Pág. 213.)

Para evitar los excesos tecnocráticos del positivismo, el constructivismo radical va demasiado lejos en la dirección opuesta, con resultados paradójicos, a nuestro modo de ver. *En primer lugar,* como la concepción heredada, GUBA y LINCOLN prescriben que los evaluadores no prescriban. Si se tratara de un simple principio *estratégico*, sería conveniente tenerlo en cuenta, por ejemplo: "No irás muy lejos si pasas por alto las ideas de la gente y afirmas tu autoridad". No obstante, aún habría algo hacia donde avanzar, por ejemplo, unas estructuras sociales más iguales. La conveniencia, el momento y el grado en los que invocar el principio estratégico sería una cuestión empírica.

Sin embargo, ellos van más allá. Para GUBA y LINCOLN, este principio es *epistemológico*. Para ellos, no hay nada que "verificar", nada "ahí fuera", nada que sea "correcto o erróneo", por lo que llegamos al principio: "Nadie debe presentar su punto de vista como si fuese el correcto". La paradoja está en que, si fuese cierto, este principio se descalifica a sí mismo, puesto que no es algo que pueda tildarse de correcto o erróneo. Esto conduce a la parálisis: los evaluadores no deben manifestar que sus ideas son correctas, pero, ¿qué ocurre si otras personas presentan las suyas como correctas? Para ser coherentes, ¿acaso los evaluadores deben renunciar a presentar su concepción de que los demás no deban manifestar las suyas como si fuesen correctas?

En segundo lugar, GUBA y LINCOLN defienden un enfoque de la cuestión de los valores de "no intervención". Aparentemente, los participantes son incapaces de evaluar en sentido crítico lo que el evaluador pueda decir (esas afirmaciones deben disimularse mediante expresiones como: "Algunas personas creen..."). Ahora bien, nosotros pensamos que habría que dar más crédito a lo que afirme la Oficina del Censo sobre el número de personas sin hogar que, por ejemplo, a lo que decida un hombre o una mujer que pase por la calle. En este caso, la paradoja se halla en que esta postura ni potencia ni protege al público.

Sin duda, la cuestión del poder es importante, pero el hiper-igualitarismo puede tanto exacerbar como reducir los desequilibrios de poder en la evaluación. El medio que se propone para igualar el poder consiste en restar autoridad a los evaluadores. Sin embargo, los evaluadores no son uniformemente autoritarios ni tendenciosos. Es más, en absoluto son los únicos que ejercen poder. Las mayores amenazas pueden venir de otros interesados, de los clientes o de los patrocinadores (CHELIMSKY, 1998). La reducción de los evaluadores a las funciones de simples facilitadores y mediadores da rienda suelta a *estas* fuentes de poder.

GUBA y LINCOLN prevén este problema. Una de las cosas que exigen es la "buena disposición de todas las partes para *compartir el poder*" (pág. 150). Sin embargo, esto no soluciona el problema si sólo supone que todo el mundo sea escuchado por un facilitador. Si esto supone el reconocimiento de la necesidad de protección especial de los interesados que estén en peor situación en una evaluación, hace falta algo que no puede asumir el constructivismo radical. Por ejemplo, ciertos descubrimientos, construcciones, afirmaciones de saber de la investigación social están en lo cierto, son verdaderos, tienen razón cuando afirman que algunos interesados se encuentran en peor situación que los demás. En pocas palabras, es preciso que los evaluadores se comprometan con la perspectiva de que algunas "construcciones" de estas materias son correctas y deben guiar la práctica de la evaluación y otras construcciones son erróneas y deben desecharse.

En conclusión, si, al hablar del "constructivismo", GUBA y LINCOLN piensan en abrir la evaluación a las voces excluidas, asegurando que se les den las oportunidades que se les deben, y sustituyendo unos conceptos, como "verdadero" y "correcto", por otros, como "complejo" y "bien informado", estamos de acuerdo con ellos y su concepción no se aleja mucho de la que proponemos, salvo por los cambios de vocabulario.

No obstante, parece que defienden una postura de mucho mayor alcance que la sustitución de "verdadero" y "falso" por unos conceptos equivalentes. Da la sensación de que asumen la tesis de la indecidibilidad de los valores, que apartan el compromiso moral y político de la práctica de la evaluación. Si es así, el "constructivismo" está gravemente lastrado para fomentar un cambio social progresista. De hecho, es posible que el constructivismo radical sea menos capaz de promoverlo que algunos defensores de la concepción heredada que "aceptan" los valores progresistas y actúan en consonancia, aunque nieguen la posibilidad de "justificación" de tales valores.

Creemos que los evaluadores deben utilizar sus conocimientos y destrezas, introduciendo pruebas avaladas con su autoridad, aunque estemos de acuerdo en que el diálogo es fundamental en las evaluaciones. Los evaluadores deben ser algo más que facilitadores y deben aspirar a llegar a la verdad, aunque sus afirmaciones sean provisionales. Estas afirmaciones no sólo existen en la mente de los participantes, sino en la misma realidad, aunque el saber no sea universal ni absoluto, sino que esté ligado al contexto y dependa de él.

© Ediciones Morata, S. L.

CAPÍTULO V

La concepción postmodernista

El postmodernismo está muy en boga en todo el mundo y hay tantas versiones que es difícil especificar una postura definitiva. Relativamente pocas personas han escrito sobre el postmodernismo en la evaluación o han tratado de desarrollar estudios postmodernistas, aunque muchos admitan influencias postmodernas (Constas, 1998; Mabry, 1997; Stronach y MacLure, 1997). En la investigación social y educativa, hay muchos más adeptos. De nuevo, tomamos como paradigmas de la concepción postmoderna a quienes han llevado más lejos estas ideas en la evaluación, nuestro campo del saber. Aunque el postmodernismo sólo esté haciendo su aparición en la evaluación, es una fuerza intelectual con la que hay que contar.

El postmodernismo asume el giro interpretativo en una dirección radical. Desde esta perspectiva, las filosofías y epistemologías políticas dominantes desde la Ilustración han entrado en un callejón sin salida. El proyecto "emancipador" de la modernidad se ha agotado. La razón no va a resolver nuestros problemas, sino todo lo contrario. La tarea con la que nos enfrentamos es la de "deconstruir", "desnormalizar" y "desmantelar" los discursos intelectuales que hemos elaborado. Los proyectos grandiosos que aspiran a emancipar a la humanidad resultan especialmente sospechosos. Desde el punto de vista postmoderno, la democracia liberal y el marxismo "aterran" y marginan a la gente. Con independencia de sus méritos como una forma de filosofía escéptica y de cómo se caracterice (o se "deconstruya"), el postmodernismo tiene que hacer frente a graves dificultades cuando se aplica a actividades orientadas a unos objetivos, como la evaluación. Con frecuencia, los postmodernistas desprecian la pregunta sobre lo que siga a la "deconstrucción", si no la reciben con hostilidad manifiesta. Como el postmodernismo también aplica la "tesis de la indecidibilidad radical" a ambas vertientes de la distinción entre dato y valor, comparte muchos aspectos con el constructivismo radical.

También difiere del constructivismo radical en cuestiones importantes. Los postmodernistas se muestran más insurrectos que los constructivistas radicales. Se consideran a sí mismos provocadores intelectuales. No creen que las perspectivas de los participantes estén exentas de problemas. Quienes intervienen en los procesos pueden tener ideas totalmente equivocadas, desorientados por las construcciones sociales en las que están inmersos. Los postmodernistas piensan que la vida social está envuelta en un conjunto de creencias, valores y estructuras sociales que hay que problematizar, deconstruir y trastornar, y el trabajo de los evaluadores consiste precisamente en esto.

La (aparente) motivación de los postmodernistas consiste en la liberación de los humanos de las creencias indiscutidas, aunque sin fundamento, los valores, las normas sociales y las prácticas sociales que los oprimen. En último término, desde nuestro punto de vista, la asunción de los postmodernistas de un relativismo radical los condena a sufrir la inacción moral y política o, al menos, a carecer de justificaciones articuladas para la acción. Por lo demás, si se comprometen con unos principios morales y políticos para guiar y evaluar la

© Ediciones Morata, S. L.

práctica, puede acusárseles (y se les acusa) de inconsistentes, aunque respondan, con su ironía característica, que la inconsistencia intelectual no impide la acción. En este capítulo, describimos la concepción postmodernista y mostramos cómo la han aplicado algunos a la evaluación.

Datos, valores y epistemología

En general, los defensores de los métodos dialógicos, como los postmodernistas, comparten una epistemología interpretacionista-constructivista. Es decir, en contra de los empiristas clásicos y sus sucesores, los positivistas, rechazan uniformemente lo que DEWEY llama la "perspectiva de espectador" del saber: la idea de que el saber se construye pieza a pieza, mediante la acumulación de un conjunto siempre creciente y cada vez más complejo de observaciones recibidas de forma pasiva.

En cambio, el saber, sobre todo en la investigación social, debe considerarse como algo que se construye de manera activa, con fundamentos culturales e históricos, cargado con valores morales y políticos y al servicio de determinados intereses y fines. Por tanto, en esta perspectiva, los datos y los valores se mezclan. Sin embargo, esta mezcla crea un problema formidable: ¿el saber (o lo que se interprete como tal) es un *simple* artificio cultural? ¿Es una *mera* colección de valores morales y políticos? ¿Se limita *solamente* a estar al servicio de determinados intereses y fines?

Parece que los postmodernistas contestan de manera afirmativa a estas preguntas o, al menos, no tienen base para hacerlo de forma negativa. LYOTARD (1987) señala: "Defino lo *postmoderno* como la incredulidad respecto a las metanarraciones" (pág. 74). Una metanarración es una historia justificativa grandiosa, una de cuyas características importantes es su abstracción del tiempo, el lugar y la cultura. Las metanarraciones abarcan las historias epistemológicas grandiosas, como la del inevitable progreso de la ciencia, y las magnas narraciones políticas, como el marxismo y el liberalismo. Los postmodernistas se muestran muy escépticos frente a esas historias porque, desde su punto de vista, las grandes narraciones refuerzan los regímenes de poder. Quienes ocupan el poder construyen esas narraciones e inducen a los demás para que las crean. De hecho, ésta es una de las razones principales por las que están en el poder. Si no se aceptan las narraciones grandiosas, ¿qué tenemos? He aquí la respuesta de LYOTARD:

> La sociedad del futuro se inclina menos a ser una provincia de la antropología newtoniana... que una pragmática de partículas de lenguaje. Hay muchos juegos de lenguaje, una heterogeneidad de elementos. Sólo dan lugar a instituciones llenas de parches, el determinismo local... ¿Se llega al consenso mediante el diálogo...? Ese consenso violenta la heterogeneidad de los juegos de lenguaje. Y la invención es hija de la disensión.
> (Págs. XXIV-XXV.)

Michel FOUCAULT (1987) comparte la actitud escéptica de LYOTARD ante las metanarraciones y las sustituye por lo que él llama "genealogía". El método de FOUCAULT consiste en rastrear los antecedentes históricos que han dado lugar a la racionalización de las instituciones modernas, como las prisiones y los hospitales psiquiátricos. Para él, la racionalidad es irremediablemente contingente. Las instituciones se desarrollan en circunstancias históricas específicas y generan su propia racionalidad, que está al servicio de quienes tienen el poder. Desde su punto de vista, no puede haber claves extrahistóricas —metanarraciones— del tipo soñado por los filósofos desde PLATÓN.

En relación con esto, el saber y el poder están inextricablemente unidos en "regímenes de verdad", que funcionan para "normalizar" a las personas, es decir, para hacerlas aquiescentes y "útiles" con respecto a las instituciones de la sociedad moderna, como las prisiones, los hospitales psiquiátricos y las escuelas. Lo más frecuente es que las personas sean víctimas inconscientes e involuntarias de estos regímenes de verdad. Su propio pensamiento las aprisiona, obligándolas a aceptar unas estructuras sociales que pueden ir en contra de sus propios intereses y ellas no son conscientes de esto.

En consecuencia, desde el punto de vista postmoderno, si se les pide que pongan en común sus propias interpretaciones de la realidad, como en las evaluaciones constructivistas, el resultado puede ser una comunidad de ignorancia. Los participantes pueden limitarse a reforzar la ignorancia de los demás, llevándoles a unas concepciones aún más erróneas del régimen social del que son víctimas, y es probable que las evaluaciones consistentes con la concepción heredada refuercen los conceptos y regímenes de verdad que apoyan quienes tienen el poder. El efecto de esas evaluaciones consiste en "normalizar" a los participantes para que acepten la estructura social dominante. Después de todo, quienes tienen el poder patrocinan y son receptores de las evaluaciones. La evaluación desempeña un papel fuertemente legitimador en la sociedad. ¿Por qué otra razón iban a financiarla quienes tienen el poder?

> La pregunta (abierta o encubierta) que hacen ahora el estudioso profesional, el Estado o las instituciones de enseñanza superior ya no es: "¿Es verdad?", sino "¿Qué utilidad tiene?" En el contexto de la mercantilización del saber, lo más frecuente es que esta pregunta sea equivalente a: "¿Es vendible?" y, en el contexto del aumento del poder: "¿Es eficiente?" En efecto, la posesión de competencia en una técnica orientada al rendimiento parece vendible... Lo que ya no llega al nivel necesario es la competencia definida por otros criterios —verdadero/falso, justo/injusto, etc.— ni, por supuesto, el bajo rendimiento en general.
> (LYOTARD, 1984, pág. 51.)

No sólo están entrelazados los datos y los valores, sino que los valores operantes son los del régimen de poder y los datos se configuran para que se ajusten a ellos. Es más, a menudo, estos valores son enemigos de los intereses de la mayoría de las personas de la sociedad. Desde la perspectiva postmodernista, lo que hacen falta son estudios de evaluación que alerten a las personas sobre sus propios apuros, estudios que deconstruyan o trastornen la influencia normalizadora de los regímenes de verdad de los poderosos.

Para lograr la deconstrucción y el trastorno en las evaluaciones, STRONACH y MACLURE (1997) han defendido la utilización de cuestionarios que saquen a los encuestados de la función típica de proveedores pasivos de información y los conviertan en partícipes y jueces de las conclusiones del estudio. Otra táctica consiste en que el evaluador se niegue a facilitar una metanarración del tipo que espera el público de los informes de evaluación. Por el contrario, el estudio podría presentar diversas narraciones de los hechos no coincidentes entre sí.

La práctica de la evaluación

El postmodernismo no ha hecho en la evaluación las mismas incursiones que ha practicado en las humanidades y en la investigación social. Esto tiene sentido, porque, ¿cómo vamos a defender la práctica de la evaluación cuando la principal tendencia del postmodernismo consiste en negar la posibilidad de defender esas actividades? ¿Acaso no ha de ser inherente a la evaluación la potenciación de las autoridades que, armadas con su "régimen de verdad", la empleen para coaccionar, oprimir y "aterrorizar" a la gente? Si puede tener algún sentido la idea de una "prescripción" postmodernista, es muy probable que la prescripción tenga que consistir en deshacerse de la evaluación.

Sensibles a este potencial negativo, STRONACH y MACLURE

(1997), piden una "interpretación postmoderna positiva" (el motivo, si no la esencia, es similar a la llamada de ARONOWITZ y GIROUX, 1990, que defienden un postmodernismo "crítico", frente al "apolítico", respecto a la educación). Aunque se protegen con lo que dicen, STRONACH y MACLURE se comprometen con la idea de que el postmodernismo puede tener consecuencias "prácticas" para la evaluación, que se convierte en la idea de que la incorporación de las ideas postmodernistas puede mejorar la evaluación. Así ven la concepción de la evaluación, preponderantemente modernista, propuesta por evaluadores como MACDONALD (1977), STAKE (1984) y HOUSE (1980):

> [Estos teóricos de la evaluación] asumen... las premisas modernistas sobre la naturaleza del saber y su relación con la política, la creencia en el progreso, la posibilidad de una metaperspectiva y, por regla general, una concepción esencialista del papel del investigador o evaluador —como etnógrafo, evaluador democrático o teórico crítico—, así como la necesidad de aprendices de estas funciones que tengan una larga y acreditada formación.
> (STRONACH y MACLURE, 1997, pág. 102.)

Dado que los postmodernistas consideran que el saber es contingente, que surge de unas circunstancias sociales específicas, ¿cuáles son estas contingencias determinantes de la evaluación, desde su punto de vista? STRONACH y MACLURE dicen que, en el capitalismo moderno, los evaluadores se encuentran cada vez más sometidos al control de los organismos gubernamentales que insisten en firmar contratos a corto plazo y en realizar estudios seguidos muy de cerca. Con frecuencia, los estudios y los descubrimientos incluso son propiedad de las administraciones, lo que se traduce en unas relaciones incestuosas entre la política y la evaluación, así como en la inseguridad laboral de los evaluadores dependientes. No son éstas las condiciones modernistas de los estudiosos independientes que trabajan desapasionadamente en busca de la verdad, que es como los evaluadores pintan la situación.

Además, el régimen de imbricación de la competición institucional patrocinada por el gobierno... incorpora una cultura subyacente de investigación de individualismo competitivo dentro de los mercados disciplinarios de la economía de la investigación. Necesitamos una política más escéptica del papel del evaluador o investigador y de su búsqueda no tan inocente del saber, la influencia y la categoría social.
(STRONACH, 1997, pág. 33, en su deconstrucción de la evaluación cualitativa.)

Ante tales contingencias, estos evaluadores postmodernos establecen su estrategia en términos del tipo particular de instrumento de encuesta que han utilizado, el cuestionario de "informar y responder", que busca una "validez transgresora" en un intento de saltar límites. Tal como suelen interpretarse, los conceptos como "validez" son muy sospechosos y hay que sustituirlos por otros conceptos, como el de "validez transgresora" (STRONACH y MACLURE, 1997, pág. 100).

Se invita a los encuestados a que no se limiten a hacer comentarios escritos en el apartado típico de "Comentarios", sino también en los ítems de respuesta cerrada. Por ejemplo, he aquí un ítem:

Los profesores apreciaron los siguientes medios de apoyo: intercambiar materiales con los participantes en el curso []; establecer nuevos contactos []; apoyo de los tutores del centro [], de los asesores del SEN [] y mediante las prácticas de grupo []. [Comentarios y sugerencias].
(STRONACH y MACLURE, 1997, pág. 105.)

Los encuestados podían responder en las casillas para manifestar su acuerdo o desacuerdo con estas conclusiones y añadir, además, los comentarios que quisieran inmediatamente después de cada conclusión concreta. El informe pro-

© Ediciones Morata, S. L.

visional recoge muchas de estas conclusiones-ítems. En cierto sentido, los encuestados participaron en la construcción del informe provisional de evaluación.

Según STRONACH y MACLURE, esta postura metodológica sirve para difuminar los límites entre los datos formales y los informales, entre la adaptación a las convenciones culturales y la ruptura con las mismas, entre los objetivos de la evaluación sumativa y los de la formativa y entre los tipos cognitivo y afectivo de respuestas. Las categorías normales del "régimen de verdad" se "quiebran" a propósito. Podemos suponer que esto sea útil para la validez transgresora.

Una de las "virtudes" ejemplificadas es la "idea revisada de la *negociación* o del *diálogo* entre investigador e investigado" que hace "menos asimétricas las interacciones en cuanto a las relaciones de poder [y] estimula una participación más activa y discrepante del investigado en el proceso de investigación" (STRONACH y MACLURE, 1997, pág. 111).

El procedimiento *R & R (Report & Respond)* (Referir y Responder) se caracteriza por su naturaleza *híbrida*. Es un cuestionario y un informe provisional que recoge y divulga información. Presenta juicios pero solicita corrección, trata a los encuestados como público y como informadores al mismo tiempo y contempla el procedimiento de investigación como una mezcla ambivalente de participación (provocativa, analítica, dialógica) y desligamiento (separada de las acciones de los encuestados, interpretativa).

(STRONACH y MACLURE, 1997, pág. 109.)

En esta encuesta, el 80% de los encuestados optó por responder en el "registro informal", añadiendo comentarios, expresando a menudo reacciones emocionales, estimulado por la naturaleza provisional del cuestionario. De ahí que el instrumento sirviera para provocar y promover un diálogo más auténtico que indicara signos de "lucha", en opinión de los evaluadores postmodernos.

© Ediciones Morata, S. L.

La cuestión clave de la validez (transgresora) puede ser: ¿qué signos hay en el texto de los evaluadores de las intervenciones de los encuestados? Podemos suponer que, cuanto mejores fuesen las intervenciones, mayor sería la "validez transgresora", es decir, el cuestionamiento del régimen de verdad del órgano administrativo que patrocinara la evaluación. La negociación con los encuestados se produce en medio del informe de evaluación (produciendo saber) y no al final, mediante las respuestas a un informe acabado, o a través de la negociación de un acuerdo al principio de la evaluación.

¿Cómo va ser eso malo para un investigador o un evaluador educativo? ¿Acaso no es que el ímpetu implícito en no saber, en no saber nunca, en saber algo del no saber nunca no representa el reto más grande y más fructífero que los estudiosos de la educación puedan desear? Para ser positivo, entonces, ¿hay que acentuar lo doblemente negativo? Eso sería mirar el lado brillante del postmodernismo.
(STRONACH, 1997, pág. 34.)

¿Qué podemos decir de esta concepción postmoderna de la evaluación? Desde luego, nosotros apoyamos el objetivo de lograr un diálogo más auténtico y estos evaluadores postmodernistas son inventivos (un término que no puede aplicarse a menudo a las tareas metodológicas). Sin embargo, esta "interpretación positiva", que aspira a dar voz a los participantes en la investigación sobre algo, situándolos en pie de igualdad con los evaluadores, no llega muy lejos. Como en el caso del constructivismo radical, a falta de una discusión más amplia sobre el equilibrio que deba establecerse entre las voces de los evaluadores y las de los participantes, esos procedimientos permiten que predominen las voces más fuertes, infrautilizándose los conocimientos y el dominio de la materia propios de los evaluadores en cuanto tales.

Esta "interpretación positiva" del postmodernismo parece

ser una forma de teoría democrática que se enorgullece de ser deliberadamente borrosa, deslavazada, inestable y esencialmente negativa. El fundamento de esta postura estriba en que el "Otro" (teóricos críticos, liberales, etcétera) se aferra al "fundamentalismo", al "esencialismo" y demás y, en consecuencia, *tiene* que impulsar el ejercicio del poder de los evaluadores sobre los demás de un modo que, en último término, es ademocrático.

Aunque esta acusación tenga algo de verdad, los teóricos democráticos contemporáneos —diversos liberales, teóricos críticos y feministas— han avanzado bastante en los últimos años, en respuesta al creciente reconocimiento (estimulado por los puntos de vista postmodernistas) de la naturaleza contingente y variable de la autoidentidad y de los resultados ademocráticos que esto puede tener cuando se ignora.

Crítica del postmodernismo

La crítica que de manera rutinaria se viene a la cabeza es que el postmodernismo es desesperadamente relativista y autodestructivo, que, si se sostiene de forma consistente, no puede justificar ninguna afirmación de saber. Si todas las afirmaciones de saber están completamente ligadas al contexto y no son más que simples máscaras de los intereses predominantes y del poder, ¿acaso no reúnen los mismos postmodernistas esas características? ¿No se limitan a enmascarar otros intereses? ¿Cómo pueden evitarlo?

Una crítica más positiva expone cómo puede derivarse el saber de unos principios contingentes. Muchos críticos del postmodernismo están comprometidos con métodos dialógicos y se unen a los postmodernistas en su rechazo de la búsqueda filosófica tradicional de principios epistemológicos últimos que trasciendan la experiencia humana contingente. Sin embargo, para esos pensadores, "superar la epistemología", utilizando la expresión de Charles TAYLOR (1995, cap. 1), no supone caracterizar el saber como una mera máscara de intereses egoístas y del poder. Los teóricos como TAYLOR consideran que su tarea consiste en mostrar concepciones defendibles del saber y la racionalidad que se basen en la experiencia humana contingente.

Entre ellos hay pragmatistas, teóricos críticos y (algunas) feministas. Thomas KUHN (1962) presenta la mejor descripción general de esa perspectiva cuando la relaciona con la evolución darwiniana. En pocas palabras, desde su punto de vista, no existe un criterio descontextualizado de saber hacia el que deba avanzar la ciencia. En cambio, las teorías científicas gozan de apoyo en la medida en que manejen la problemática mejor que sus competidoras. El trabajo sin una guía explícita caracteriza el saber científico. Los criterios para hacer juicios existen, pero no pueden aplicarse de forma mecánica, no tienen un fundamento definitivo y no se pueden fijar de una vez por todas.

KUHN hace hincapié en los "paradigmas" científicos. También está la cuestión menos conocida y menos discutida (fuera de la filosofía) de la epistemología moral. Michael WALZER (1983) distingue dos formas de hacer filosofía moral:

> Una forma de empezar la empresa moral consiste en salir de la cueva, dejar la ciudad, subir a la montaña, forjarse uno mismo... un punto de vista objetivo y universal... Otra forma de hacer filosofía es interpretar, a los conciudadanos de uno, el mundo de significados que compartimos. Podemos concebir que se interpreten la justicia y la igualdad como artificios filosóficos, pero no una sociedad justa o igualitaria. Si esa sociedad no está ya ahí —oculta de alguna manera en nuestros conceptos y categorías—, nunca lo sabremos a ciencia cierta ni nos percataremos de su presencia, en realidad.
>
> (Pág. XIV.)

Charles TAYLOR (1995, cap. 3) establece una distinción paralela a la de WALZER entre lo que él llama modelos "apodíctico" y "ad hominem" de la razón práctica. El modelo apodíctico requiere que haya: *a)* un criterio independiente e incontaminado por ningún sistema de creencias, valores y disposiciones con el que comprobar las afirmaciones de la razón práctica y *b)* algún procedimiento de seguridad mediante el que determinar si se cumple el criterio. Sin embargo, ese criterio establece una norma imposible. Como no puede cumplirse, la razón práctica —el razonamiento que se aplica en la moral y en la política, así como en la evaluación y en la investigación aplicada— cae en el subjetivismo y en el nihilismo, al quedar caracterizadas las afirmaciones morales y políticas por estar basadas siempre y en todo lugar en simples "prejuicios" o "sesgos", que es, en gran medida, la postura postmodernista.

Sin embargo, esta conclusión sólo se sigue si no hay un modo alternativo de interpretar la razón práctica (como el razonamiento evaluativo) y TAYLOR cree que sí lo hay: el modelo ad hominem. TAYLOR comienza con una observación sobre la razón práctica: las personas no suelen hacer afirmaciones morales escandalosas y, cuando lo hacen, sus auténticos puntos de vista están ocultos y son más complejos, calificados casi siempre mediante alguna forma de "disculpa especial", que excusa o redefine lo que se esté diciendo, así como sus consecuencias.

Pensemos en la acusación de que la reducción de los programas de bienestar social, acompañada por la reducción de los impuestos sobre los beneficios del capital, pone de manifiesto una insensible desconsideración de los pobres, y pensemos también en la disculpa especial ejemplificada en la respuesta "de efecto indirecto": "No, están equivocados; en realidad, nosotros queremos *ayudar* a los pobres. La mejor manera de hacerlo es liberar más capital". TAYLOR (1995) señala que incluso el razonamiento práctico de los nazis mostraba esta pauta:

> [Los nazis] nunca atacan frontalmente la prohibición del asesinato de los coespecíficos. Presentan gran cantidad de

disculpas especiales, por ejemplo, que sus objetivos no pertenecen a la misma especie, han cometido unos crímenes verdaderamente terribles que claman venganza o representan un peligro mortal para los demás.

(Pág. 35.)

TAYLOR utiliza el fenómeno de la "disculpa especial" y el acuerdo subyacente que supone como fundamento de la siguiente descripción de la razón práctica:

> Por tanto, el cometido del razonamiento [práctico] no consiste en desaprobar una primera premisa radicalmente opuesta (por ejemplo: matar a personas no plantea ningún problema), sino en poner de manifiesto que la política es poco escrupulosa respecto a unas premisas que ambas partes aceptan, y no pueden sino aceptar... que su trabajo consiste en desenmascarar las disculpas especiales.
> Partiendo de este modelo,... el argumento práctico arranca basándose en que mi oponente comparte, al menos, algunas disposiciones fundamentales con respecto al bien y lo bueno que me guían a mí. El error proviene de la confusión, la falta de claridad o la falta de disposición para afrontar algo que no puede rechazar lúcidamente, y el razonamiento aspira a poner en evidencia este error.
>
> (Pág. 36.)

En el caso de la economía de efecto indirecto, la tarea de la razón consiste en mostrar que las políticas relacionadas con ella sólo pueden oscurecer aún más las perspectivas de los pobres; en el caso de los nazis, le corresponde demostrar que sus teorías de la superioridad racial y la percepción de la amenaza judía son ridículas. (Ésta es la "tarea" de la razón; que gane o no la partida en ambos casos es otra cuestión.)

Esta concepción de la razón práctica encaja con la epistemología interpretacionista más general de la investigación social, y no sólo porque ambas sean "antifundamentalistas". En contra del positivismo, los interpretacionistas sostienen que, igual que la ciencia social está irremediablemente marcada por la teoría, también está irremediablemente marcada por los valores. En consecuencia, está regida por la razón práctica. De este modo, la estrategia ad hominem se generaliza a la evaluación. En cambio, el ataque postmodernista a la razón anula *todas* las afirmaciones de saber, incluyendo las propuestas por los mismos postmodernistas. Como dice Benjamin BARBER (1992),

> La razón puede ser una cortina de humo interesada, pero el argumento de que sea una cortina de humo depende también de la razón, o, si no, quedaremos atrapados en una regresión infinita en la que cada argumento que exponga la dependencia del argumento de otra persona sobre la arbitrariedad y el interés partidista se muestra también interesado y arbitrario.
> (Pág. 109.)

Hablando en general, los argumentos ad hominem como el ejemplificado por BARBER se emplean con frecuencia contra los postmodernistas para poner de manifiesto que no pueden tener un proyecto moral y político *y, al mismo tiempo*, rechazar el compromiso con la razón. Es un reto difícil para quienes proclaman su adhesión al postmodernismo aunque, sin embargo, traten de ir más allá de la mera deconstrucción y trastorno de la vida social con el fin de orientarse en direcciones progresistas, como los evaluadores.

La concepción de la democracia que asociamos con el postmodernismo, el *hiper-pluralismo*, se enfrenta con problemas similares. Esta concepción comparte con el hiperigualitarismo la idea de que la verdad y la objetividad son construcciones que no deben privilegiarse y que estos conceptos no se aplican con mayor facilidad a las afirmaciones de datos que a las de valores. La característica más destacada del hiperpluralismo, a diferencia del hiperigualitarismo, así como de otras concepciones de democracia, es su insistencia en estimular y facilitar la expresión de diferentes puntos de vista.

© Ediciones Morata, S. L.

Por ejemplo, en *The Postmodern Condition* (1984), LYOTARD defiende la sustitución de "homología" (búsqueda del consenso) por "paralogía" (activación de las diferencias). La magnificación de la diferencia sirve para trastornar los "regímenes de verdad" indiscutidos, socialmente construidos y que incluyen normas de verdad que, por su misma naturaleza, privilegian determinados intereses y marginan otros. Es presumible que la evaluación y la investigación social, o sus "paradigmas", sean casos de regímenes de verdad. Por tanto, dado el hiperpluralismo, es difícil concebir la evaluación de un modo que se parezca a sus formas presentes. De hecho, la institución de la evaluación parece ser paradigmática de los tipos de normas y prácticas de la sociedad contemporánea que pretende trastornar el hiperpluralismo.

Como el hiperpluralismo reemplaza el objetivo de forjar acuerdos con el de magnificar las diferencias, puede considerarse ademocrático; quizá, como sugerimos antes, sea *pos*democrático. La cuestión de cómo situar el hiperpluralismo en relación con la democracia crea un problema fundamental. Si el hiperpluralismo evita la democracia, sus defensores tienen que hacer frente a la difícil tarea de defender otra estructura política. Si el punto de vista en cuestión asume la democracia, sus defensores tienen que explicar cómo incorporar la decisión democrática: deliberación conjunta, limitada por unas reglas de procedimiento compartidas.

En conclusión, a pesar de rechazar el postmodernismo, compartimos con los postmodernistas tres puntos de acuerdo. *En primer lugar,* hay que contar con las subjetividades. Es muy importante la forma en que las personas ven el mundo y se ven a sí mismas. *En segundo lugar,* las estructuras sociales están irremediablemente marcadas por los intereses, el poder y los valores. A esta luz hay que examinarlas ("deconstruirlas"). *En tercer lugar,* la meta de ciertas prácticas, como la evaluación, debe ser una sociedad más justa y democrática (aunque algunos postmodernistas no estén de acuerdo con este punto de vista).

© Ediciones Morata, S. L.

En el próximo capítulo, acometeremos la tarea de esquematizar la teoría democrática contemporánea y sus ventajas con respecto a los enfoques postmodernistas (así como la concepción heredada y el constructivismo radical). Concluimos este capítulo con una observación sobre la teoría frente a la práctica. Estas dos variantes de la teoría dialógica —constructivista radical y postmodernista— presentan unos errores fundamentales. Sus epistemologías relativistas radicales suponen una práctica de la evaluación que adolece de inacción moral y política, relacionada con el hiperigualitarismo y el hiperpluralismo, al menos si sus defensores son coherentes. Una forma de evitar la parálisis consiste en articular los conceptos y principios —verdad, justicia y democracia, por ejemplo— que limiten el diálogo y sirvan para distinguir las afirmaciones autor*izadas* de las autor*itarias*.

Vistas en términos de evitación del autoritarismo, nuestras diferencias con los enfoques constructivista radical y postmodernista no tienen por qué ser irreconciliables. Ellos nos han advertido que actuemos con cuidado, que nos mantengamos en la provisionalidad y que sospechemos de quienes digan que saben lo que es mejor. También nos han aconsejado que prestemos mucha atención a las condiciones sociales locales y a las "subjetividades" individuales. No negamos la justificación de estas preocupaciones.

No obstante, insistimos en el carácter inevitable de partir de unos principios morales y políticos en la práctica de la evaluación y en que la articulación crítica de esos principios es importante en el diseño y la valoración de las evaluaciones. Reconocemos que, en las condiciones sociales y políticas actuales, el compromiso —y el estar comprometido— es un riesgo inevitable. Por otra parte —y ésta es la cruz—, no se puede evitar este apuro invocando la idea de que los valores no pueden decidirse de forma racional y están fuera del alcance de los evaluadores.

Tercera parte
Evaluación democrática deliberativa

CAPÍTULO VI

La concepción democrática deliberativa

Durante la década de los ochenta, la *Program Evaluation and Methodology Division* (PEMD), de la *U.S. General Accounting Office*, era la unidad de evaluación mejor considerada de Washington. Su directora, Eleanor CHELIMSKY (1998), nos ha facilitado un valioso resumen de lo que descubrió durante los años en los que estuvo al frente de ese organismo. Una de sus conclusiones es que las condiciones políticas específicas tienen unos efectos importantes en la forma de llevarse a cabo las evaluaciones. También hace una importante observación sobre la abogacía:

> En un entorno político, no hace falta que se levante otra voz en defensa de nada, sino ofrecer información de uso público que sea sólida, sincera y no pretenda favorecer a ninguna causa. Los políticos del Congreso esperan que los evaluadores desempeñen precisamente esa función y faciliten precisamente ese tipo de información... Sin embargo, no hace mucho, hemos presenciado ciertos intentos de racionalizar la *defensa de los evaluadores*, idea que tiene algunas raíces en la teoría... Nuestra experiencia en la PEMD indica que cualquier tipo de defensa destruye la credibilidad del evaluador y no cabe en la evaluación.
> (Pág. 40.)

Al mismo tiempo, dice, el Congreso no suele plantear cuestiones políticas serias sobre los programas del Departamento de Defensa. Descubrió que esto se cumplía especialmente en relación con la guerra química. En 1981, cuando CHELIMSKY inició estudios sobre los programas de guerra química, descubrió que había dos bibliografías. Una era reservada, favorable a las armas químicas y el Pentágono la presentaba de forma unilateral al Congreso. La otra era crítica, no belicista, pública y ni siquiera la tenían en cuenta los políticos del Congreso.

Añade que, al descubrir esa situación, su organismo realizó una síntesis de *toda* la bibliografía "que tuvo un efecto electrizante en los miembros del Congreso que, por primera vez, se enfrentaban a determinados datos" (pág. 43). Este documento inicial condujo a más evaluaciones, publicidad y, más tarde, contribuyó a ciertos acuerdos internacionales sobre armas químicas; una evaluación satisfactoria, con arreglo a casi todas las normas.

Este trabajo sobre la guerra química se basó en el análisis de los modelos de partidismo de la investigación previa, comprendiendo los fundamentos políticos del programa y la evaluación y tratando de "integrar valores enfrentados" en la evaluación, que CHELIMSKY recomienda para todos los estudios de este tipo. Desde nuestro punto de vista, es un enfoque muy inteligente.

Nuestra pregunta es: ¿Por qué marco de referencia se guió para desarrollar el estudio de este modo? ¿Por qué se planteó graves preguntas, que no tuvo en cuenta el Congreso, sobre los programas del Pentágono? Ningún grupo interesado la incitó para que lo hiciera. El Pentágono envió su propia información y los antibelicistas químicos la suya. CHELIMSKY tuvo que disponer de algún marco de referencia, aunque fuese intuitivo, que la orientara para hacerlo como lo hizo.

Desconocemos el marco de referencia que utilizó, pero creemos que uno que pudiera producir unos resultados simi-

© Ediciones Morata, S. L.

lares sería parecido a éste: incluir en el estudio los valores y grupos interesados enfrentados. Asegurarse de que estén incluidos y representados en grado suficiente los principales puntos de vista. Reunir las perspectivas enfrentadas, de manera que las partes interesadas puedan emprender una deliberación y entablar un diálogo. No sólo hay que asegurarse de que haya suficiente espacio de diálogo para resolver las proposiciones enfrentadas, sino también de ayudar a los políticos y los medios de comunicación a resolver estas proposiciones, distinguiendo la buena información de la mala. Llevar a la mesa de negociación los intereses de los presuntos beneficiarios, si se descuidaran.

Todos estos análisis e interpretaciones requieren muchos juicios y decisiones de los evaluadores, respecto a quién sea relevante, qué sea importante, cuál sea la buena información y cuál la mala, cómo manejar las deliberaciones entre los políticos, cómo manejar los medios de comunicación, cuáles sean las consecuencias políticas, etcétera. Es inevitable que los evaluadores estén muy involucrados en los descubrimientos, aunque no formulen las conclusiones del estudio. Sus huellas intelectuales estarán por todas partes.

Hay que hacer varias observaciones. *Una* es que hace falta *algún* marco que guíe la evaluación, aunque sea implícito. *Segunda,* el marco es una combinación de datos y valores. Un aspecto importante tenido en cuenta en la evaluación estuvo constituido por lo que pensaban (cómo valoraban) los distintos grupos sobre la guerra química. Se reunieron los datos y los valores, como se hizo en el estudio de STAKE del caso de la escuela elemental de Chicago que citamos antes. Es más, la evaluación de la guerra química de CHELIMSKY se guió por una determinada concepción de la función de la evaluación en la política pública.

¿Es esto una defensa a cargo de los evaluadores? Creemos que no, aunque el trabajo esté muy marcado por los valores e incorpore considerables juicios del evaluador. No se trata de una defensa, en el sentido de ponerse desde el principio del lado del Pentágono o del de los pacifistas y abanderar sólo una u otra de esas posturas. Después de todo, si el Congreso está tan inclinado a favor del Pentágono, sería una muestra de sentido político mantenerse en el lado bueno, ya que ellos son los clientes. Quizá, eso hubiesen hecho los evaluadores orientados hacia el cliente. También, podrían haberse construido sumarios de valor, como los de SHADISH, COOK y LEVITON (1995): "Si está usted a favor de las armas químicas, X es la acción que emprender, pero si se opone a ellas, habrá que emprender Y", enviando la propuesta a los políticos.

Sin embargo, los evaluadores hicieron algo más defendible: incluyeron a todas las partes en su estudio y evaluaron la calidad de las pruebas de cada una en relación con las contraproposiciones críticas. Desde nuestro punto de vista, eso era lo que había que hacer. El desarrollo de este estudio es coherente con el tipo de teoría de la evaluación que asumimos. Señalamos a continuación tres criterios generales para que las evaluaciones estén adecuadamente equilibradas en cuanto a valores, interesados y políticas, dentro del enfoque que denominamos "democrático deliberativo". *En primer lugar,* el estudio debe ser inclusivo, de manera que represente todas las concepciones, intereses, valores e interesados relevantes. No debe omitirse ninguno que sea importante. En el caso de la guerra química, se omitieron al principio las concepciones críticas de los programas de guerra química, incluyéndose sólo los puntos de vista favorables del Pentágono, sesgando, en consecuencia, las conclusiones de los estudios previos.

En segundo lugar, debe haber un diálogo suficiente con los grupos relevantes, de manera que las ideas de todos queden representadas de forma adecuada y auténtica. No siempre es fácil conseguir las ideas exactas de cada cual, pero, con frecuencia, es crítico. "Prestar atención a lo que piensen los beneficiarios de un programa sobre él es clave para que un estudio sea creíble, y no tiene nada que ver con defender a esos beneficiarios" (CHELISMKY, 1998, pág. 47). Muchos estudios se han llevado a cabo sin tener en cuenta los intereses de los principales beneficiarios (o víctimas). En este caso, no pueden estar presentes las víctimas potenciales de la guerra química. Alguien debe representar sus intereses. Podemos suponer que, desde el punto de vista de CHELIMSKY, incluir a los interesados y hablar con ellos, siempre que se pueda, *no* supone defenderlos.

En tercer lugar, debe haber una deliberación suficiente para llegar a unos descubrimientos adecuados. En este caso, la deliberación fue larga y productiva, participando en ella los evaluadores, los políticos y, al cabo, los medios de comunicación. La deliberación puede incluir formas de proteger a los evaluadores o a otras personas de presiones poderosas de los interesados, que pueden inhibir gravemente la discusión, como señala CHELIMSKY. La adecuada deliberación no puede suponer una simple pelea entre los interesados, pues, en tal caso, ganarían los más poderosos de ellos.

El diseño y la dirección de todo esto supone un considerable ejercicio de juicio de los evaluadores. Los evaluadores pueden guiarse por intuición, como parece que hicieran CHELIMSKY y sus colaboradores, o bien en algo más explícito. En realidad, CHELIMSKY presenta una concepción particular del interés público, es decir, que la evaluación debe juzgarse por "su éxito como proveedora de información objetiva en beneficio público" (pág. 52). Y añade: "Creo que el mayor peligro de nuestro campo no está en que no se utilice por las razones adecuadas, sino en la capacidad o disposición cada vez menor para cuestionar el saber convencional, que es nuestro cometido más importante y la mejor justificación de nuestro trabajo" (pág. 51).

Ahora bien, ¿no está defendiendo así su concepción particular del interés público y de la función de la evaluación en ese contexto? Si no es así, ¿en qué difiere esta postura de la defensa? En cierto sentido, la defensa supone adoptar los puntos de vista o los intereses de un grupo y ponerlo por

© Ediciones Morata, S. L.

encima de los demás, con independencia de los descubrimientos de la evaluación. Por ejemplo, CHELIMSKY y sus colaboradores podían haber asumido los puntos de vista del Pentágono o de los opositores sin equilibrarlos. Esto sería un tipo de defensa, pero ella no hizo tal cosa.

Por otra parte, si la defensa significa utilizar o asumir *cualesquiera* marcos o valores concretos, podría acusarse a CHELIMSKY de defender su particular concepción del interés público, con la que nadie más estuviera de acuerdo. Dice que todos los evaluadores deben efectuar sus evaluaciones teniendo presente la necesidad de informar el interés público. Podría considerársela defensora en el sentido de asumir un marco general. En realidad, creemos que todos los evaluadores deben asumir *alguna* concepción del interés público y de la democracia, aunque esas concepciones sean implícitas.

En *este* sentido, los evaluadores deben ser defensores, de la democracia y del interés público. La democracia aspira a incorporar todos los intereses legítimos. Desde nuestro punto de vista, el interés público no es estático y, a menudo, no es inicialmente identificable, pero emerge (o debe hacerlo) a través de unos procedimientos democráticos, adecuadamente acotados, en los que la evaluación desempeña un papel. Conviene señalar que, como los evaluadores *deben ser defensores* de la democracia y del interés público, *no deben ser defensores* de grupos interesados particulares cuyos intereses parezcan insensibles a las pruebas y se promuevan pase lo que pase (GREENE, 1997, utiliza el término *defensa* en un sentido y CHELIMSKY, 1998, lo utiliza en otro, por lo que, desafortunadamente, se refieren a cosas distintas). Desde nuestro punto de vista, los evaluadores tampoco deben desempeñar el papel de facilitadores neutrales entre los defensores de "sumarios de valor" o "construcciones" de interesados que compitan entre sí.

¿En qué difiere este caso relacionado con la guerra química de la evaluación de programas sociales? Difiere muy poco. En su evaluación de los servicios de asistencia sanitaria de la *Texas Gulf Coast*, MADISON y MARTÍNEZ (1994) identificaron a los interesados principales como los receptores de los servicios (ancianos afronorteamericanos) y los proveedores de los servicios (en su mayoría, médicos y enfermeros blancos), más los representantes de grupos de defensa de los afronorteamericanos. Cada grupo tenía una concepción diferente: los ancianos decían que los servicios no eran lo bastante accesibles y los proveedores sanitarios manifestaban que los ancianos no conocían los servicios.

¿La inclusión en el estudio de determinados grupos, como, en este caso, los ancianos afronorteamericanos, hay que considerarla como defensa? Creemos que no se trata de una defensa, sino de un modo de equilibrar los valores y los intereses en el estudio. Deben estar representadas todas las perspectivas —la concepción democrática— y los evaluadores deben tratar de determinar quién esté en lo cierto. Tampoco es una defensa emprender el estudio a sabiendas de que, a menudo, los puntos de vista de los afronorteamericanos se excluyen de este tipo de estudios. Eso es historia documentada y los evaluadores deben estar al tanto de esas posibilidades.

En esa evaluación, no aparece una magna determinación de los derechos de los ancianos afronorteamericanos frente a los de los profesionales blancos en la sociedad en general. Eso queda fuera del alcance de la mayoría de las evaluaciones. Los evaluadores deben determinar qué ocurre en estos servicios, en este lugar y en este momento, una tarea más modesta. La defensa, en el sentido erróneo, significaría que los evaluadores emprenden el estudio convencidos de que los afronorteamericanos tienen razón y los proveedores de los servicios no o viceversa, con independencia de los datos. No es ésta la postura adecuada de los evaluadores profesionales.

En nuestra idea del interés público, la evaluación informa objetivamente la opinión pública, incluyendo puntos de vista

© Ediciones Morata, S. L.

e intereses, promoviendo el diálogo y fomentando una deliberación dirigida a alcanzar unas conclusiones válidas. La objetividad viene facilitada por la inclusión, el diálogo y la deliberación, así como por los conocimientos y destrezas que aporte el evaluador profesional. Los evaluadores no pueden evitar estar comprometidos con alguna idea de democracia. La cuestión estriba en lo explícita y defendible que sea esa idea.

En el resto de este capítulo, explicamos la concepción democrática deliberativa, la contrastamos con otras perspectivas y esquematizamos su conexión con la teoría política. Esta concepción no es un modelo de evaluación, en el sentido de cómo hacer la evaluación, sino un marco de referencia para comprobar si una evaluación carece de sesgos y es objetiva con respecto a las afirmaciones de valor. Igual que las evaluaciones pueden estar sesgadas por una mala recogida de datos y por errores de omisión o comisión, también pueden ser tendenciosas en el sentido de incluir valores, interesados e intereses erróneos. Este marco de referencia va en contra de esos sesgos.

Evaluación democrática deliberativa

Podemos identificar la democracia *deliberativa* con la *auténtica* democracia, es decir, con lo que exige la democracia cuando se analiza y comprende de manera adecuada. En cierto sentido, la expresión *democracia deliberativa* es redundante, pues, desde nuestro punto de vista, la democracia, en su sentido más pleno, requiere la deliberación. Sin embargo, conviene preservar la redundancia para evitar la confusión sobre el objeto de nuestra insistencia. Utilizamos el modificador para centrar la atención en los procedimientos de decisión que exige la democracia y para evitar confusiones con otras concepciones de la democracia.

Pretendemos presentar un marco de referencia general

para juzgar las evaluaciones basándonos en su potencial de deliberación democrática. Tres son los requisitos de la evaluación democrática deliberativa: la evaluación debe ser inclusiva, dialógica y deliberativa. Expondremos por orden cada uno de estos requisitos, aunque no sea fácil separarlos por completo.

El requisito de la inclusión

El primer requisito de la evaluación democrática deliberativa es la inclusión de todos los intereses relevantes. No estaría bien que los evaluadores sólo facilitaran evaluaciones a los más poderosos o las vendieran al mejor postor para sus propios fines, sesgando así las evaluaciones a favor de intereses particulares. Tampoco estaría bien dejar a los compradores que revisaran los resultados, eliminando las partes de la evaluación que no les gustaran o destacando los hallazgos con las ideas que mejor sirvieran a sus fines. Éstas son unas condiciones de utilización a las que los evaluadores no deben renunciar.

Los estudios de evaluación pretenden ser representaciones precisas de la realidad y no instrumentos de ficción para promover los intereses de unos sobre otros, como ocurre en la publicidad o las relaciones públicas, cuyos beneficios son para quienes pagan el servicio. Los intereses de todos los participantes son fundamentales y deben estar representados los intereses de todas las partes relevantes, como exige la auténtica democracia. Si no se incluyen todos los intereses relevantes, el resultado será sólo una democracia simulada, de la que algunos quedarán excluidos.

Algunas de las más grandes amenazas que se ciernen sobre la evaluación son los desequilibrios de poder. Esos desequilibrios son endémicos en la sociedad y es fácil ver cómo pueden trastornar y distorsionar una evaluación. Los poderosos pueden dominar la discusión o pueden no estar representados quienes carezcan de poder. Para que pueda producirse una deliberación adecuada, debe haber cierto equilibrio e igualdad de poder. Los evaluadores deben diseñar evaluaciones en las que estén representados los intereses relevantes y haya cierto equilibrio de poder entre ellos, lo que, a menudo, significa representar los intereses de quienes pudieran quedar excluidos de la discusión porque, en su ausencia, es probable que se pasaran por alto sus intereses, y, por supuesto, la deliberación debe basarse en la discusión sobre los méritos y no sobre la categoría social de los participantes.

La determinación y la ponderación de los intereses son extremadamente complejas e inseguras y, con frecuencia, discutibles. En primer lugar, no todos los intereses tienen la misma fuerza moral. BHASKAR (1986) distingue así los intereses que relaciona con necesidades —el tipo más importante, desde el punto de vista moral— del conjunto restante y más numeroso de intereses:

> El interés es lo que conduce al logro de los deseos, la satisfacción de necesidades, los fines o todas estas cosas de los agentes, y la necesidad es algo preciso (contingente o absolutamente) para la supervivencia o el bienestar de un agente, con independencia de que el agente lo posea o no en la actualidad. De por sí, la satisfacción de una necesidad, a diferencia del cumplimiento de un deseo o fin, nunca puede hacer peor a un individuo o grupo.
> (Pág. 70.)

SCRIVEN (1991) establece una distinción similar en el contexto específico de la evaluación. Distingue "evaluación de valor", en la que se tratan de forma indiferenciada las necesidades, los deseos y las preferencias del mercado, de la "evaluación de necesidades", entendida de manera adecuada. Dice: "las necesidades... constituyen la primera prioridad para la respuesta... precisamente porque, en cierto sentido, son *necesarias*, mientras que los deseos (sólo) son *deseados*" (pág. 241). Según Scriven, las necesidades están asociadas con un "nivel de urgencia o importancia" que no poseen los deseos, las preferencias del mercado, etcétera. No decimos que la distinción entre los intereses relacionados con las necesidades y los intereses relacionados con los deseos sea fácil de hacer ni que siempre sea necesaria. De todos modos, los evaluadores deben tenerla en cuenta. A pesar de su carácter borroso o discutible en algunos casos, es muy real. En muchas ocasiones, es fácil fijar la divisoria, por ejemplo, los intereses por la comida, la vivienda y la atención sanitaria frente a los intereses por la jubilación anticipada o los coches de lujo.

El requisito dialógico

El segundo requisito de la evaluación democrática deliberativa es que sea dialógica. Lo que complica la determinación y la ponderación de los intereses es que los individuos y los grupos no siempre son capaces de determinar sus propios intereses cuando se deja a su arbitrio. Pueden ser engañados o inducidos por los medios de comunicación, los grupos interesados poderosos, que suprimen o tergiversan las pruebas o por la falta de oportunidades de obtener información o de aprovecharla. Los intereses *auténticos* de un individuo o grupo no tienen por qué ser los mismos que los intereses percibidos. Los intereses auténticos pueden definirse de este modo: la política X favorece los intereses de A si A hubiera experimentado los resultados de la política X, y los de la política Y si hubiera escogido el resultado de la política X en vez del de la política Y. La identificación de los intereses "auténticos" es crítica.

El descubrimiento de los intereses auténticos es un importante cometido de la interacción dialógica. Los evaluadores no pueden dar por supuestos los intereses de cada una de las partes. Quizá se equivoquen los evaluadores. Es preferible hacer que los interesados participen en distintos tipos de diálogos. Es posible que, a través del diálogo y la deliberación, los interesados modifiquen su postura acerca de cuáles sean sus intereses. Tras examinar los descubrimientos y razonar y discutir con los demás, pueden ver que sus intereses son diferentes de los que tenían al principio.

El hecho de que la evaluación esté inserta en la trama social hace que el diálogo sea crítico. Los participantes y los evaluadores deben identificar los problemas reales e incluso crearlos, en muchos casos. Los descubrimientos de la evaluación emergen de estos procesos. No tienen por qué estar ahí esperando a ser descubiertos, sino que pueden forjarse en la evaluación y en los diálogos sobre los hallazgos. Como en el ejemplo anterior relativo a si los Estados Unidos debían cambiar a un sistema parlamentario, debemos reflexionar sobre los argumentos relevantes. Esto no significa que el descubrimiento efectuado en la evaluación sea más "irreal" por ser emergente y construido que lo irreal que pueda ser un coche por ser construido.

Para garantizar el diálogo, los evaluadores deben representar con justeza todos los intereses, intervenir en los procesos dialógicos con los participantes y deliberar extensamente sobre los problemas. En cierto sentido, podemos imaginarnos moviéndonos a lo largo del continuo valor-dato desde los enunciados de preferencias y valores recogidos en el diálogo inicial hasta los enunciados evaluativos de datos, pasando por las deliberaciones basadas en los principios democráticos.

Se corre aquí el riesgo de que los evaluadores se vean indebidamente influidos en un diálogo extenso con diversos grupos interesados, una amenaza que señaló hace mucho tiempo SCRIVEN (1973) al pedir una evaluación "independiente de objetivos". Aunque creemos que esta amenaza a la imparcialidad es real, el mayor peligro está en que los evaluadores no comprendan plenamente las posturas, concepciones e intereses de los distintos grupos interesados y representen erróneamente a estos grupos en la evaluación. En consecuencia, estamos dispuestos a arriesgar la imparcialidad a cambio de que los evaluadores puedan comprender totalmente las posturas de los interesados a través de un diálogo extenso con ellos. Por otra parte, la amenaza a la imparcialidad se conjura por medio de la inclusión y la deliberación.

En algunas situaciones, el peligro de que los evaluadores no comprendan los puntos de vista de los interesados es pequeño. Quizá en algunas evaluaciones de productos, los evaluadores puedan postular los intereses de los consumidores típicos con un mínimo de diálogo porque los contextos de los estudios estén definidos de antemano con precisión. No obstante, en la mayoría de las evaluaciones de programas y políticas complejos, la comprensión de los interesados y sus posturas no es fácil. Los intereses de distintos grupos pueden oponerse entre sí y cuanto más compleja sea la situación, más diálogo hará falta para resolverla. En este sentido, la evaluación de productos es más bien un caso especial de evaluación que el paradigma de la misma. Estamos convencidos de que, en la mayoría de los casos, el diálogo no sólo es deseable, sino necesario.

El requisito de la deliberación

El tercer requisito de las evaluaciones es que sean deliberativas. La deliberación es, fundamentalmente, un proceso cognitivo, fundado en la razón, las pruebas y los principios del razonamiento válido, un subconjunto importante de los cánones metodológicos de la evaluación. En muchos casos, la autoridad de los evaluadores, basada en su dominio especial de conocimientos y destrezas, desempeña un papel crítico en una democracia deliberativa.

En cambio, la concepción heredada, relacionada con la

© Ediciones Morata, S. L.

democracia "emotivista" o "preferencial", da por sentados las preferencias, valores, gustos e intereses de los ciudadanos y encuentra formas de maximizar esos intereses. Los evaluadores no pueden cuestionar esas preferencias: simplemente, están dadas. Como en la ciencia, los datos quedan a la determinación de los especialistas, pero los valores se escogen y no pueden tratarse con racionalidad. En consecuencia, lo mejor que pueden hacer los evaluadores es satisfacer las preferencias (maximizar la satisfacción de las preferencias), sin que importe cuáles sean. Ese razonamiento lleva a una concepción de la democracia en la que no se examinan las preferencias ni los valores.

Nuestro punto de vista no asume que los valores estén dados, sino que se hallan sujetos a examen mediante procedimientos racionales. La evaluación es un procedimiento para determinar valores, que son emergentes y se transforman a través de procesos deliberativos en descubrimientos de la evaluación. Por tanto, la evaluación está al servicio de la democracia deliberativa, en la que los intereses y los valores están determinados racionalmente, y la discusión y la determinación cuidadosas exigen los conocimientos y destrezas de los evaluadores.

Desde luego, la evaluación no debe ocupar el lugar de las votaciones y demás procedimientos de decisión de la democracia. En cambio, la evaluación es una institución que produce unos resultados que se utilizan en los procedimientos democráticos de decisión. La evaluación informa las votaciones y otros procedimientos autorizados de decisión de las sociedades democráticas; no debe sustituirlos.

Después de todo, la evaluación está inextricablemente vinculada con la idea de elección: qué elecciones haya que hacer, quién haga las elecciones y con qué fundamento. La evaluación de los programas, políticas y personal públicos se basa en la idea de elección colectiva y en la línea de extraer conclusiones basadas en el mérito. En cambio, podemos imaginar a individuos que ponderen y equilibren diversos fac-

© Ediciones Morata, S. L.

tores y lleguen a conclusiones, en cuanto actos individuales. Éste es un modelo de elección del consumidor, esencialmente un modelo de mercado, con muchos individuos que hacen sus propias elecciones basadas en la información disponible y en el que la elección colectiva no es sino la suma de las elecciones individuales.

Ahora bien, la mayoría de las evaluaciones públicas no son así. Los intereses e interesados relevantes han de determinarse como un elemento más de la evaluación, y la elección del consumidor no es lo mismo que la elección colectiva derivada de la deliberación colectiva. La deliberación colectiva requiere la reciprocidad de la consciencia de los participantes y una igualdad de poder a grandes rasgos, para que los participantes alcancen un estado en el que deliberen con eficacia sobre sus propios fines colectivos.

Una observación sobre la autoridad del evaluador en estas materias: conviene distinguir entre poder y autoridad. Los evaluadores deben aceptar la autoridad, pero no el poder. Por ejemplo, A tiene poder sobre B cuando A puede influir en la conducta de B en contra de los intereses de B. Sin embargo, A tiene autoridad sobre B cuando B obedece porque A ha influido en B mediante buenas razones ligadas a los propios intereses de B. La deliberación democrática existe cuando las deliberaciones son discusiones sobre méritos que involucran los intereses de A y B o sus intereses colectivos. Por eso, los evaluadores tienen autoridad en el sentido de que la evaluación persuade a las personas por buenas razones.

Los requisitos de inclusión, diálogo y deliberación se solapan y entrecruzan de formas complejas, por ejemplo, la calidad de la deliberación no es separable de la calidad del diálogo, el cual, a su vez, influye en que se logre o no la inclusión (frente a la mera presencia testimonial). En general, no se pueden diferenciar con claridad ni aplicar de forma independiente los tres requisitos de inclusión, diálogo y deliberación, pues se influyen y refuerzan mutuamente.

© Ediciones Morata, S. L.

De todas maneras, la distinción de cada uno de los tres sirve para orientarse. Si se cumplen los requisitos de inclusión y diálogo, pero no el deliberativo, pueden estar representados (provisionalmente) todos los intereses relevantes, aunque no considerados de modo adecuado, traduciéndose esto en conclusiones erróneas (un problema de los enfoques "constructivista" y "postmodernista"). Si se cumplen los requisitos de inclusión y deliberativo, pero falta el diálogo, es fácil que los intereses y las posturas de cada cual no queden bien representados, derivándose de ello unas evaluaciones inauténticas, basadas en falsos intereses y dominadas por quienes tengan el poder máximo (problema de la "concepción heredada"). Por último, si se cumplen los requisitos de diálogo y deliberativo, pero no están incluidos todos los interesados, puede acusarse la evaluación de tendenciosa a favor de determinados intereses particulares.

La evaluación democrática deliberativa es un ideal que merece la pena tratar de alcanzar y no algo que pueda lograrse en un estudio de una vez por todas ni abarcarse por completo. Por tanto, la recogida, el análisis y la interpretación de los datos de manera no tendenciosa, para llegar a unos resultados precisos, nunca serán perfectos. No hay razón para que los evaluadores dejen de tratar de hacerlo lo mejor que puedan. Hay formas mejores y peores de realizar los estudios desde el punto de vista de la democracia deliberativa.

Una tipología de perspectivas

La Tabla 6.1 presenta un resumen de las diversas perspectivas que hemos expuesto, considerando cómo conciben éstas los datos y los valores, qué concepciones de democracia mantienen y cómo contemplan el papel del evaluador.

Tabla 6.1. Concepciones sobre los valores

Positivista	Dicotomía estricta dato-valor. Los datos pueden basarse en observaciones primitivas (fundamentalismo). Los valores son "metafísicos" y no están sujetos al análisis racional. *Función del evaluador:* determinar los datos, tratar los valores como expresiones emocionales o preferencias individuales. *Concepción de la democracia*: emotivista o preferencial, con cálculo utilitario (es decir, los valores están determinados por medios no racionales o se admiten todas las preferencias para maximizarlas).
Pospositivista de la primera época (p. ej.: CAMPBELL)	Dicotomía explícita dato-valor; sin embargo, los datos y la teoría no pueden determinarse mediante observaciones primitivas porque los datos están marcados por la teoría (no fundamentalismo). Los datos pueden determinarse en relación con el cuerpo completo de conocimiento. Los valores hay que escogerlos. *Función del evaluador:* determinar los datos, aceptar los valores del programa o política. *Concepción de la democracia*: emotivista o preferencial.
Minimalista axiológica (p. ej.: SHADISH, COOK y LEVITON)	Dicotomía implícita dato-valor, aunque se admitan algunos valores prescriptivos. Los datos pueden estar determinados de manera no fundamentalista, pero las afirmaciones de valor deben estar ligadas a los valores de los interesados en sumarios de valor: "X es bueno si valoras Y". *Función del evaluador:* construir sumarios de valor, aceptar los valores de los interesados. *Concepción de la democracia*: emotivista o preferencial.

© Ediciones Morata, S. L.

TABLA 6.1. Continuación

Constructivista radical (p. ej.: GUBA y LINCOLN)	Relativista con respecto a datos y valores. Tanto los datos como los valores son construcciones de los individuos porque no hay una realidad objetiva. Los interesados tienen que negociar la "realidad". *Función del evaluador:* mediar las construcciones de la realidad entre los participantes. *Concepción de la democracia*: hiperigualitaria (es decir, para alcanzar el consenso, todos los puntos de vista tienen la misma importancia).
Postmodernista (p. ej.: STRONACH y MACLURE)	Relativista con respecto a datos y valores. Sin embargo, los puntos de vista de los interesados son problemáticos porque los "regímenes de verdad" pueden engañarlos. La sociedad debe liberarse mediante actos desorganizadores. *Función del evaluador:* deconstruir las ideas convencionales y trastornar las relaciones de poder. *Concepción de la democracia*: hiperpluralista (consenso no deseable, proliferación indefinida de la diversidad).
Democrática deliberativa (p. ej.: HOUSE y HOWE)	Dicotomía no estricta dato-valor. Las afirmaciones de datos y de valores descansan en un continuo en el que se mezclan en afirmaciones de evaluación. No fundamentalista. Tanto los datos como los valores pueden determinarse mediante procedimientos racionales. Las conclusiones evaluativas pueden ser objetivas (no sesgadas). *Función del evaluador:* determinar de manera objetiva e imparcial las afirmaciones de datos y valores. *Concepción de la democracia*: deliberativa (alcanza el consenso mediante la inclusión, el diálogo y la deliberación).

Ubicación de la democracia deliberativa en la teoría política

Por último, ¿cómo se conectan estas ideas sobre la evaluación democrática deliberativa con la teoría política contemporánea? Para responder a esta cuestión, tomamos como punto de partida teórico la teoría "liberal igualitaria" de John RAWLS (1971). En pocas palabras, en este apartado, *a)* describimos el igualitarismo liberal y lo comparamos con sus principales competidores en la tradición liberal; *b)* consideramos la crítica (lanzada por los postmodernistas) de que, como esta concepción es insensible a las distintas identidades de grupo, es, en último término, opresiva y ademocrática, y, por último, *c)* esquematizamos las revisiones efectuadas por los teóricos liberales contemporáneos (sobre todo, KYMLICKA, 1990, 1991) para hacer frente a estas críticas.

El igualitarismo liberal se distingue de sus dos competidores principales de la tradición liberal, el liberalismo y el utilitarismo, por su concepción de la justicia distributiva. El liberalismo mantiene una postura decidida en contra de cualquier forma de distribución involuntaria de bienes sociales (como la salud, la educación y la renta). En cambio, el utilitarismo rechaza esa postura y exige la manipulación activa de las estructuras sociales de manera que la distribución de los bienes sirva para maximizar los beneficios.

Por su parte, el igualitarismo liberal también reclama la manipulación de las estructuras sociales, pero, a diferencia del utilitarismo, impone límites sobre la forma que adopte la distribución de los beneficios. En particular, las estructuras sociales deben diseñarse de manera que tiendan a la igualdad en la distribución de los beneficios. Los efectos de circunstancias que, desde el punto de vista moral, son arbitrarias (por ejemplo, quiénes sean los padres de uno) deben mitigarse con esta finalidad y, si es necesario, a expensas de la maximización de los beneficios. Las distribuciones que se

© Ediciones Morata, S. L.

deriven de la operación de los mercados (el principio distributivo liberal) también deben contenerse.

El igualitarismo liberal ha predominado en la tradición liberal (y en la teoría política) desde la publicación del famoso libro de John RALWS (1971): *A Theory of Justice*, una obra que proporcionó diversos conceptos para los primeros trabajos de evaluación (HOUSE, 1980). Por supuesto, esta perspectiva rawlsiana no ha pasado desapercibida y los ataques de los que ha sido objeto han influido en ella desde hace no mucho tiempo. De diversas maneras, la crítica del llamado paradigma distributivo (YOUNG, 1990) ha llegado a ocupar un lugar central (una crítica que se aplica con la misma fuerza al utilitarismo).

La crítica básica es la siguiente: el igualitarismo liberal identifica a los más perjudicados en relación con la tasa relativamente baja de bienes sociales que poseen. Elimina las desventajas mediante la implementación de programas compensadores de carácter social, educativo o de otro tipo. Por regla general, se piensa que todo esto requiere pocas aportaciones de los más afectados. En este sentido, asume que los bienes sociales que hay que distribuir, así como los procedimientos de distribución, son indiscutibles. En realidad, los bienes pueden reflejar los intereses de quienes han estado y siguen estando a cargo de las iniciativas. Por ejemplo, pensemos en un currículum sexista con el que las niñas tengan grandes dificultades, pero no los niños. La solución no está en proporcionar ayuda a las niñas para que dominen el currículum, sino en eliminar su *desventaja*.

La descripción precedente señala la dificultad que ha impulsado a los igualitaristas liberales a modificar su teoría; apartándose de la igualdad como principio de distribución y asumiendo la igualdad como principio de participación democrática. En lo que podemos llamar "paradigma participativo", los requisitos de la justicia distributiva y los de la democracia se entrelazan. La justicia exige dar a todos una voz eficaz para negociar los bienes y definir sus propias necesidades, sobre todo a los miembros de grupos que han estado excluidos históricamente. Observa KYMLICKA (1991): "Sólo tiene sentido invitar a las personas a participar en la política (o que las personas acepten esa invitación) si se las trata como iguales... Y eso es incompatible con la definición de las personas en relación con funciones que no realicen ni apoyen" (pág. 89).

La relación entre justicia y democracia tiene consecuencias para la evaluación, cuyo fin consiste en mejorar la práctica. El paradigma distributivista supone una perspectiva de arriba abajo, dirigida por expertos. Los investigadores buscan una distribución inadecuada de bienes, definen las necesidades del grupo y formulan políticas y prácticas. Estas decisiones se toman en nombre de la igualdad. Se pasan por alto los puntos de vista de los beneficiarios. Este enfoque incorpora una concepción demasiado limitada de la democracia.

El paradigma participativo concuerda con una concepción de la evaluación en la que no sólo se busca la igualdad en la distribución de unos bienes predeterminados, sino en la categoría social y la voz de los participantes. Los bienes, junto con las necesidades, las políticas y las prácticas, se investigan y negocian en colaboración, funcionando la deliberación democrática como un ideal supremo. En este caso, una evaluación bien fundamentada en el plano metodológico puede desempeñar un papel clave.

En consecuencia, el paradigma participativo parece más consistente con los puntos de vista dialógicos que con los tecnocráticos. Se pone de parte de la concepción heredada, en contra del rechazo de las concepciones postmoderna y constructivista de la autoridad de la evaluación, aunque esté de parte de éstas en cuanto a la necesidad del diálogo.

Tenemos que señalar que utilizamos el *marco de referencia participativo* en su sentido más general, sin que apoyemos necesariamente ningún enfoque participativo concreto de la evaluación (véase una revisión de los enfoques participativos en: COUSINS y WHITMORE, 1998). Nuestra concepción de la participación está relacionada de forma directa con una teoría igualitaria de la democracia. La simple participación de los interesados en una evaluación no tiene por qué asegurar un proceso verdaderamente democrático. Debe haber también inclusión y deliberación. Algunas actividades participativas podrían impedir, de hecho, las otras dos. No obstante, la participación y el diálogo son críticos para lograr una evaluación democrática deliberativa.

Los primeros trabajos de evaluación reflejaban una concepción igualitaria liberal en la que la distribución de los bienes primarios se conseguía dentro de ciertos límites (véase, p. ej.: HOUSE, 1980). Aunque este punto de vista facilitaba la deliberación y la inclusión, no hacía lo mismo y en grado suficiente con el diálogo, en cuanto parte fundamental de la evaluación, tal como la concebimos ahora en la concepción democrática deliberativa. En consecuencia, estaba abierta a las acusaciones de paternalismo en el cual las autoridades, como los evaluadores, determinaban el bien de los demás. La concepción democrática deliberativa aspira a introducir a los participantes en el diálogo en un sentido fundamental, de manera que puedan representar con autenticidad sus propios intereses y determinar también cuáles sean sus propios intereses reales en el proceso.

© Ediciones Morata, S. L.

CAPÍTULO VII

Una práctica adecuada

Los evaluadores desarrollan su trabajo en unas circunstancias sociales concretas y hay que reconocer que la concepción democrática deliberativa está demasiado idealizada para que pueda ponerse directamente en práctica en nuestro mundo. Un compromiso absoluto con ese ideal sería poco práctico. Sin embargo, el hecho de que el ideal no pueda alcanzarse por completo no significa que no pueda servir de guía.

Los evaluadores no deben pasar por alto los desequilibrios de poder ni pretender que el diálogo sobre la evaluación sea abierto cuando no sea cierto. Lo contrario supone aceptar de forma implícita las estructuras sociales y de poder existentes y dejar de lado la responsabilidad profesional. Puede que las estructuras vigentes de poder sean aceptables, pero los evaluadores deben considerar esta cuestión de manera explícita. La solución estriba en que los evaluadores afronten los problemas de la mejor manera posible y adopten una postura de deliberación democrática como la ideal para manejar las afirmaciones de valor. En esta concepción, los evaluadores no son espectadores pasivos, facilitadores inocentes ni reyes filósofos que tomen decisiones para otros, sino profesionales conscientes que se adhieren a un conjunto de principios defendibles, minuciosamente considerados, para reforzar la inclusión, el diálogo y la deliberación.

No presentamos aquí un modelo de evaluación que prescriba cómo llevarla a cabo. Se trata, más bien, de una teoría de mediano alcance que señala que los estudios deben carecer de sesgos (objetivos e imparciales con respecto a datos y valores). Los sesgos no pueden eliminarse por completo, pero hay muchas maneras concretas de reducirlos. Muchos enfoques, modelos de evaluación y estudios individuales cumplen nuestros requisitos democráticos deliberativos de mediano alcance.

De hecho, diversos evaluadores han defendido prácticas que son consistentes en distintos sentidos importantes con los puntos de vista que presentamos aquí, aunque difieran en otros aspectos, como la evaluación responsiva de STAKE (1984), la evaluación democrática de MACDONALD (1977), la evaluación dialéctica de PROPPE (1979), los juicios de valor de valor de SCRIVEN (1980) y la evaluación de defensa de GREENE (1997), así como los trabajos de FISCHER (1980), WEISS (1983), BRYK (1983), MARK y SHOTLAND (1987), GARRAWAY (1995), KARLSSON (1996), FETTERMAN, KAFTARIAN y WANDERSMAN (1996), ALKIN (1997), SCHWANDT (1997) y COUSINS y WHITMORE (1998), por mencionar sólo algunos que han estudiado ideas semejantes.

Por ejemplo, MARK y SHOTLAND (1987) dicen: "En particular, en los enfoques de los interesados, los cometidos del evaluador consisten en decidir de quién serán las cuestiones que se estudien. En cambio, en los enfoques de quienes no sean interesados... se asume simplemente que el evaluador se ocupará de las cuestiones que desee el patrocinador" (pág. 133). ALKIN (1997) hace hincapié en el carácter crítico de la participación y la selección de los interesados y COUSINS y WHITMORE (1998) señalan que las dimensiones críticas de la evaluación participativa son la selección de los interesados, la profundidad de la participación y el control del proceso de evaluación.

© Ediciones Morata, S. L.

Incluso en las posturas que hemos criticado (p. ej.: GUBA y LINCOLN, 1989; SHADISH, COOK y LEVITON, 1995; STRONACH y MACLURE, 1997) hay prácticas que aceptamos, aunque no estemos de acuerdo con las justificaciones teóricas que se dan al respecto. La práctica adecuada es ecléctica y está informada por la teoría, aunque no se derive totalmente de ella.

Cuestiones críticas

Operativizamos nuestra concepción democrática deliberativa mediante 10 preguntas. Las que formularíamos con respecto a las evaluaciones son las siguientes:

- ¿A quiénes corresponden los intereses representados?
- ¿Están representados los interesados principales?
- ¿Se ha excluido a alguno de los interesados principales?
- ¿Hay desequilibrios graves de poder?
- ¿Hay procedimientos para controlar los desequilibrios de poder?
- ¿Cómo participan las personas en la evaluación?
- ¿Hasta qué punto es auténtica su participación?
- ¿Hasta qué punto es comprometida su interacción?
- ¿Se produce una deliberación reflexiva?
- ¿Hasta qué punto es detenida y extensa la deliberación?

KARLSSON (1996) ha llevado a cabo una evaluación que ilustra muchas de nuestras preocupaciones sobre el diálogo, aunque su estudio fuese más extenso que la mayoría. Evaluó un programa de 5 años que proporcionaba servicios de asistencia y ocio a niños de edades comprendidas entre los 9 y los 12 años en Eskilstuna (Suecia). El programa pretendía una organización más eficiente de esos servicios y la introducción de nuevos contenidos pedagógicos, que se pondrían en práctica mediante los nuevos Centros de Asistencia para la Edad Escolar. Los políticos querían saber cómo podrían organizarse los servicios y con qué contenidos pedagógicos, qué costarían los centros y qué niños y padres querrían estar en ellos; esencialmente, se trataba de una evaluación formativa.

El primer paso consistió en identificar a los grupos interesados y escoger a los representantes de cada uno: políticos, administradores, profesionales, padres y niños. Después, KARLSSON supervisó a los padres y entrevistó a los demás grupos interesados en relación con estas preguntas:

- *Políticos*: ¿Cuál es el objetivo del programa?
- *Padres*: ¿En qué quieren los padres que consista el programa?
- *Administración*: ¿Qué hace falta para administrar este programa?
- *Sindicatos de maestros*: ¿Qué exigen los sindicatos de maestros?
- *Profesionales cooperadores*: ¿Qué expectativas tienen otras personas que trabajan en este campo?
- *Niños*: ¿Qué esperan los niños?

Se resumió la información obtenida y se comunicó a los grupos interesados en la forma condensada de cuatro metáforas diferentes de tipos ideales de centros de asistencia en edad escolar. Las metáforas de los centros eran: "el taller", "el aula", "la cafetería" y "la sala de estar".

En la segunda fase de la evaluación, se centró la atención en la implementación de los centros —25, en total—, que prestaban servicio a 500 alumnos. En contraste con el enfoque "de arriba abajo" de la primera fase, esta parte de la evaluación utilizó un enfoque "de abajo arriba", preguntando primero a los niños qué les parecían los centros. A continuación, se entrevistó a los padres y a los profesionales cooperantes; después, a los administradores y a los políticos. El diálogo se consiguió mediante la presentación a los últimos grupos de lo manifestado por los primeros.

En las dos primeras fases de la evaluación, el diálogo admitía la distancia y el espacio entre los participantes. En la tercera fase, los objetivos fueron el diálogo cara a cara y el establecimiento de unas relaciones mutuas y recíprocas. Se pretendía desarrollar un diálogo auténtico y crítico que estimulara unos pensamientos nuevos entre los diferentes grupos interesados y pusiera sobre el tapete los conflictos con el fin de someterlos a una discusión abierta.

Se prepararon cuatro reuniones con representantes de los grupos interesados. Para asegurar que todos pudieran manifestarse, cuatro actores profesionales interpretaron escenas cortas que ilustraran las cuestiones y conflictos críticos que habría que discutir. Los actores involucraron a su público en los diálogos a través de escenas que mostraban la esencia de los problemas (identificados mediante la información recogida) y consiguieron que el público ayudara a los actores a resolver y desarrollar nuevas formas de ver los problemas. Unos 250 representantes participaron en 4 interpretaciones, que se documentaron utilizando cámaras de vídeo y realizando grabaciones de 20 minutos. Estas grabaciones se utilizaron en las reuniones posteriores con los padres, los políticos y los maestros.

Desde el punto de vista de KARLSSON, el objetivo de esos diálogos críticos de evaluación consistía en conseguir una comprensión más profunda de las limitaciones y posibilidades del programa, sobre todo para los grupos en situación de mayor desventaja. En este proceso, lo importante era lograr que los interesados carentes de poder e injustamente tratados pudieran influir. El evaluador tiene dos responsabilidades al hacer posible el diálogo crítico: elaborar una perspectiva teórica sobre el programa y cultivar la investigación crítica. La *perspectiva teórica* no significa un modelo o explicación completa, sino un marco de referencia que coloque al evaluando en el contexto histórico y político de los participantes (HAUG, 1996).

© Ediciones Morata, S. L.

Con esa perspectiva, la evaluación no sólo es cuestión de reunir y presentar las opiniones y puntos de vista de los grupos interesados, sino que se convierte en una oportunidad para desarrollar una mejor comprensión teórica del contexto y de los problemas del programa. En este sentido, el evaluador aporta una perspectiva crítica. Desde el punto de vista de KARLSSON, la dificultad que plantea el diálogo como estrategia es que exige que todos los grupos interesados tengan suficientes recursos para participar. Se corre el riesgo de lograr sólo la participación de los que cuenten con más y mejores recursos.

Otros ejemplos

Otros evaluadores también han inventado formas de tratar estos problemas. En este epígrafe, expondremos, una a una, nuestras cuestiones básicas y reseñaremos algunas evaluaciones concretas que ejemplifican algunos de nuestros criterios.

¿A quiénes corresponden los intereses representados?

Por regla general, entre el evaluador y el cliente (el patrocinador), configuran la evaluación. El evaluador debe tomar conciencia de los grupos cuyos intereses estén representados. Ni que decir tiene que los pobres y quienes carecen de poder no suelen patrocinar evaluaciones. Los beneficiarios presuntos de los programas tampoco suelen hacerlo. Por ejemplo, quienes están enfermos no suelen patrocinar evaluaciones de los servicios médicos (aunque puedan hacerlo organizaciones filantrópicas) ni quienes carecen de vivienda configuran las evaluaciones de la beneficencia.

Las evaluaciones suelen estar patrocinadas por organismos gubernamentales, y configuradas por los profesionales

© Ediciones Morata, S. L.

médicos, de los servicios de bienestar o de educación. Estos participantes influyen en el diseño del estudio y los evaluadores deben tener en cuenta a quiénes correspondan los intereses que estén configurando una determinada evaluación. Las preocupaciones e intereses de todos los grupos no tienen por qué coincidir.

Por ejemplo, en la evaluación de KARLSSON, éste identificó a los principales interesados y sus preocupaciones mediante un diálogo extenso. Lo que más preocupaba a los políticos (los patrocinadores) era la eficiencia económica del programa; a los administradores les preocupaba el modo de dirigirlo; a los profesionales les interesaba saber cómo alcanzar los objetivos; los padres estaban preocupados por la asistencia y la seguridad de que gozaran sus hijos y los mismos niños estaban interesados en mantener el contacto con sus compañeros. Todas estas preocupaciones eran legítimas a la hora de configurar la evaluación y el evaluador debía tenerlas en cuenta en el diseño. Es obvio que en ninguna evaluación es posible dar cumplida cuenta de todas las preocupaciones. Se hace necesario escoger.

¿Están representados los interesados principales?

Un requisito de la evaluación democrática deliberativa es que ha de incluirse a todos los interesados principales. Las democracias ganan legitimidad cuando incluyen los intereses de todos. Por supuesto, los estudios de evaluación no pueden incluir los intereses de cada sujeto individual que pueda verse afectado. Esa inclusión sirve de poco en la práctica; sobre los estudios pesan siempre limitaciones financieras y temporales. Una fórmula de compromiso consiste en incluir sólo los intereses de los principales vinculados por el programa, es decir, aquéllos cuyos intereses estén más afectados. Esa selección requiere que los evaluadores juzguen quiénes sean éstos, del mismo modo que, en otros aspectos del estudio, también hace falta el juicio profesional.

© Ediciones Morata, S. L.

A menudo, los evaluadores hacen uso de la representación en vez de la participación directa de cada interesado. Por ejemplo, ALKIN, ADAMS, CUTHBERT y WEST (1984) evaluaron la extensión agraria en 8 países caribeños. Los interesados clave eran el patrocinador (la *U.S. Agency for International Development* —USAID), el personal del proyecto de la *University of West Indies*, los funcionarios de extensión agraria de los países participantes, los campesinos y sus representantes y los universitarios norteamericanos participantes en el proyecto. El equipo de evaluación empleó como representantes de los interesados a un economista agrario norteamericano, un profesor de la *University of West Indies*, un profesor de la *Ohio State University* y un experto en evaluación de la *University of California in Los Angeles* (UCLA). El participante de la *West Indies* garantizaba a un importante grupo de interesados que la evaluación merecía toda su confianza, y el economista garantizaba a la USAID que se estudiaran cuestiones técnicas importantes. La inclusión de los interesados en el equipo de evaluación es una forma de afrontar el problema de su representación, pero no es la única.

¿Se ha excluido a alguno de los interesados principales?

Otra cuestión importante se refiere a si hay algún grupo interesado importante que no se haya incluido aunque sí debiera haberlo sido. Se han llevado a cabo muchos estudios en los que ni siquiera se han tenido en cuenta los intereses de los presuntos beneficiarios del programa (CHELIMSKY, 1998). Esa omisión sesga el estudio y debe haber razones de mucho peso por las que no se incluyan estos intereses. (Quizá el programa esté en sus primeras pruebas y sea demasiado rudimentario para que los evaluadores vean cómo afecta a los beneficiarios.)

Si no estuvieran incluidos los principales interesados, a los evaluadores corresponde rectificar la situación. Por ejemplo, Hahn, Greene y Waterman (1994) evaluaron 11 proyectos de política pública de educación financiados por la *Kellog Foundation*. Celebraron reuniones semianuales de trabajo para el personal de los proyectos en las que se estimularon las discusiones sobre los mismos (Greene, 1997). Los evaluadores representaron a propósito los intereses de los ciudadanos a los que iban a informar con estas actividades y que no estaban presentes en las reuniones, planteando, por tanto, preguntas dirigidas al personal de los programas sobre la orientación de sus trabajos en la medida en que afectara al público. A veces, si es preciso, los evaluadores deben hacerse cargo de la representación de los puntos de vista de los interesados ausentes, aunque sea mejor que, siempre que sea posible, estos grupos representen sus propios intereses.

¿Hay desequilibrios graves de poder?

Los evaluadores deben estar al tanto de la aparición de fuertes desequilibrios de poder que puedan provocar la tendenciosidad del diseño y de los resultados del estudio, igual que deben descubrir otras posibles formas de sesgo que influyan en los resultados. Es probable que esos desequilibrios de poder se manifiesten en una selección o ponderación inadecuada de los criterios y en unas conclusiones y recomendaciones que apunten en unas determinadas direcciones.

Por supuesto, en toda actividad humana hay desequilibrios de poder y el evaluador no tiene obligación de corregirlos. Sin embargo, sí le incumbe al evaluador asegurarse que unos desequilibrios fuertes de poder no distorsionen los resultados del estudio, y no es una tarea fácil. El evaluador debe descubrir cuándo amenazan los desequilibrios la integridad del estudio. Por ejemplo, en el estudio de Karlsson (1996), para facilitar el diálogo y la deliberación, éste preparó un diálogo crítico entre todos los grupos interesados, con reuniones cara a cara en las que los participantes revisaran los resultados obtenidos. Le preocupaba cómo influirían los desequilibrios de poder en el diálogo y la deliberación. En este caso, podía preverse que los políticos dominaran las discusiones y que los niños fuesen los menos capaces de representar sus intereses. Es posible que en un estudio estén representados los interesados principales y que, aún así, no se consiga una deliberación adecuada. La solución de KARLSSON consistió en contratar a actores que se comprometieran activamente con los interesados menos poderosos y más reticentes, incluidos los niños.

¿Hay procedimientos para controlar los desequilibrios de poder?

Imaginemos un aula en la que un alumno sea el único que hable. La situación ideal para los profesores consiste en que todos los estudiantes tengan oportunidad de participar. A los docentes les corresponde hallar formas de controlar esos desequilibrios y todos los maestros buenos saben cómo hacerlo mediante diversos mecanismos. De igual manera, los evaluadores tienen que corregir los desequilibrios de poder. Esto reviste una importancia especial en los estudios cualitativos en los que algunos individuos o grupos facilitan la mayor parte de la información. Si predominan determinadas personas, la misma información puede quedar gravemente inutilizada. Los evaluadores deben tener formas de controlar los desequilibrios de poder para lograr una deliberación adecuada.

En su revisión de la evaluación participativa, COUSINS y WHITMORE (1998) señalan: "Según nuestra experiencia, los participantes o interesados que tienen poder son los que han tendido a oponerse a los hallazgos de la evaluación que pudieran considerar críticos y significativos. Tienen el poder para anular el informe o reconfigurarlo de tal manera que satisfaga sus propias necesidades" (pág. 20). COUSINS y WHITMORE plantean cuestiones éticas relativas a quién sea el propietario de los descubrimientos, quién dicte su modo de utilización, hasta qué punto pueda aguantar el evaluador una mala utilización de los mismos y cómo ha de establecer el evaluador los límites.

¿Cómo participan las personas en la evaluación?

La forma de participación es crítica. STAKE (1986) estudia las dificultades de comunicación con los interesados en su análisis de la evaluación de *Cities-in-Schools**. Los evaluadores de este programa no fueron capaces de concebir una forma de entrar en contacto con la gran cantidad de interesados y la evaluación padeció sus consecuencias. La forma de organizar la participación es casi tan importante como la selección de los participantes.

Para los estudios de evaluación de los bienes de primera necesidad, como la comida y la vivienda, quizá no sea tan necesario como en otros casos un diálogo extenso con los beneficiarios. La mayoría de los grupos quiere su parte de bienes de primera necesidad. No obstante, incluso en el caso de los bienes primarios, la forma de suministrarlos y en qué consistan esos bienes pueden suponer para los participantes grandes diferencias. El diálogo puede ser importante para comprender estas cuestiones, y para la evaluación de los

---

* El proyecto "*Cities in Schools*" tiene como finalidad actuar sobre la exclusión social, atendiendo de manera prioritaria a los problemas de absentismo escolar y de violencia juvenil, especialmente en la educación secundaria. El proyecto busca reintegrar a estos jóvenes en el sistema escolar y prevenir los comportamientos delictivos. Entre las medidas puestas en práctica, además de profesorado de apoyo y programas curriculares más relevantes para este tipo de alumnado, se insiste mucho en involucrar a las familias en la educación. Es un programa que se desarrolla en Estados Unidos, pero que recientemente se extendió también al Reino Unido. (*N. del R.*)

servicios sociales complejos, como la educación y el bienestar, el diálogo suele ser necesario porque los programas y las políticas pueden definirse de formas muy distintas y afectar a los grupos de manera muy diferente.

También puede darse una participación inadecuada. Al evaluar un programa piloto para reducir la tasa de abandono de la escuela en Ontario, Cousins se reunió con el comité director del programa, formado en su mayor parte por administradores escolares, para diseñar el estudio (y recomendó que se incorporaran docentes al grupo director; Cousins y Earl, 1995). Se formó a los interesados en técnicas de entrevista; después, realizaron entrevistas y codificaron los datos. El evaluador elaboró un borrador del informe, que revisaron los docentes antes de trasladarlo al comité director. Basándose en esta experiencia, Cousins concluye que es mejor que los participantes *no* intervengan en el análisis de datos de carácter cuantitativo (Alkin, 1997). Es posible que los participantes no sean capaces de manejar ciertos tipos de deliberación y de análisis y no tiene sentido pensar que puedan hacerlo. La deliberación democrática permite que, en una sociedad compleja y especializada, sea crítico el dominio de determinados conocimientos y destrezas. Puede que los especialistas tengan que realizar ciertas tareas para que pueda desarrollarse una deliberación adecuada.

¿Hasta qué punto es auténtica su participación?

La autenticidad de la participación puede variar en proporciones enormes dependiendo de que se plasme en encuestas por correo, grupos de interés o entrevistas personales. Quién esté presente, quién vea los resultados y quién haga las preguntas son cuestiones críticas. Barry MacDonald solía preguntar a los funcionarios del gobierno: "¿Qué le quita el sueño por la noche y qué le preocupa?" (véase: MacDonald y Sanger, 1982). Tras haber dado una información concordante con sus funciones, que, por regla general, suponía proteger la organización a la que pertenecieran, al hablar personalmente con ellos, los funcionarios gubernativos eran capaces de despojarse de su carácter y evaluar de forma muy diferente su situación como personas.

En un estudio etnográfico, DOUGHERTY (1993) llevó a cabo una evaluación de un programa de formación laboral de beneficencia, en la que estableció unos contactos muy directos y a largo plazo con los participantes de beneficencia en un plano personal intenso, que hizo posible la interpretación auténtica del modo de reaccionar de los beneficiarios del programa a la formación recibida. Los participantes mostraron unas reacciones al programa mucho más complejas que las previstas por las autoridades, afrontando conjuntos de problemas muy diferentes de los tratados por el programa. Por supuesto, ese trabajo intensivo no es aplicable a todos los estudios, pero los evaluadores deben preocuparse por la autenticidad de la información que consideren.

¿Hasta qué punto es comprometida su interacción?

Por regla general, dependiendo del tipo de estudio de que se tratara, los evaluadores suelen preferir que los interesados se involucren en estudios que se lleven a cabo en varias etapas. Esta circunstancia daría muchas oportunidades para entablar diálogos críticos, expresar plenamente los puntos de vista y revelar información importante. En la primera evaluación que llevó a cabo uno de nosotros, se enviaron por correo a todos los institutos de Chicago unos cuestionarios que preguntaban por el alcance de los servicios que prestaban a sus alumnos superdotados. Los cuestionarios que devolvió la oficina central de las escuelas de Chicago estaban rellenos exactamente del mismo modo y guardaban estrechas relaciones entre sí. El evaluador decidió que era necesario involucrar a los participantes de otra manera.

La colaboración puede ser muy amplia. Pursley (1996) evaluó una red de cuatro centros de apoyo a la familia de Nueva York, incluyendo como colaboradores de la evaluación a los participantes en el programa y al personal paraprofesional. Esas personas ayudaron a elaborar las preguntas y los instrumentos de la evaluación y contribuyeron a recoger y analizar los datos. En particular, la evaluación debía incluir las aportaciones del personal de nivel inferior (Greene, 1997). Como ya señalamos, la invitación a que los interesados participen en los aspectos más técnicos de la evaluación conlleva el riesgo del compromiso entre la representación de los puntos de vista y la adecuada gestión de los procedimientos técnicos. Suponen transacciones. Deben estar adecuadamente representados todos los intereses en la evaluación y hay que emplear la metodología apropiada para obtener unos resultados no tendenciosos.

¿Se produce una deliberación reflexiva?

Es bastante fácil ver que los evaluadores deben tener en cuenta todos los aspectos de los datos, diversos tipos de datos y cómo los reflejen los análisis. Hay que considerar con detenimiento los resultados de la evaluación y deliberar sobre ellos. Por desgracia, a menudo no se produce una deliberación suficiente sobre los descubrimientos durante la apresurada fase final de elaboración del informe correspondiente. Es probable que el error más corriente en el que caen los estudios sea la falta de ajuste entre los datos y los resultados. El problema se complica cuando participan activamente muchos grupos interesados. Es raro que haya tiempo suficiente. Todavía están por inventar unas formas de participación más satisfactorias.

Por ejemplo, Morris y Stronach (1993) estructuraron un conjunto de resultados en forma de sumario narrativo y lo enviaron a los participantes en su estudio (que citamos antes

© Ediciones Morata, S. L.

en su calidad de evaluación postmoderna). A continuación de cada enunciado de resultados, los participantes podían hacer constar en un recuadro al efecto si estaban de acuerdo, en desacuerdo o no hacían comentario alguno al respecto. Se animaba a los participantes a que hicieran comentarios extensos sobre su forma de interpretar los hechos. De este modo, aunque los evaluadores interpretaran los resultados, los participantes también podían manifestar su opinión (STRONACH y MACLURE, 1997). Por su parte, los evaluadores podían hacerse una idea del grado en que los interesados estuvieran de acuerdo con sus conclusiones; en efecto, la yuxtaposición de interpretaciones creó un marco de confianza en torno a los resultados.

Consideración y alcance de la deliberación

Desde luego, cuanto más extensa sea, en general, la deliberación, mejores resultados cabrá esperar. Por otra parte, ¿qué universitario no ha acabado agotado por las infinitas idas y venidas de sus colegas durante horas de reuniones de profesores, sin ningún fin productivo? Ningún punto es demasiado pequeño para que no se trate, ninguna cuestión es demasiado leve para que no se pondere. Sin embargo, en la mayoría de los casos, abunda más la falta de deliberación que el exceso.

Los evaluadores deben tratar de incluir esa deliberación en los diseños de sus estudios y no limitarse a esperar a que se produzca. GREENE (1988) evaluó un programa de empleo para jóvenes de entre 14 y 19 años. En los encuentros iniciales, intervinieron el coordinador del programa, el director del departamento juvenil y el director del organismo. A esta fase le siguió otra de diálogo con 15 interesados, con la idea de elaborar un diseño de evaluación. Los interesados eran financieros, otros profesionales relacionados con la juventud, empresarios, consejeros, administradores, personal del programa y los mismos jóvenes. Para configurar el diseño, se mantuvieron muchas conversaciones.

© Ediciones Morata, S. L.

La información se recogió mediante cuestionarios, entrevistas y reuniones de grupo con los interesados. Un subgrupo de éstos participó en interacciones más intensas sobre el desarrollo del cuestionario. Cuando se carecía de información, se ponían en común con los interesados relatos no técnicos. Los interesados reaccionaron ante los informes provisionales y sus intervenciones se incluyeron en el informe final (Alkin, 1997). Este estudio supuso un extenso proceso de deliberación en todas sus fases, yendo mucho más allá que la mayoría de los estudios. ¿Cuándo es suficiente la deliberación? Es un buen interrogante, como también lo es el que pregunta por el grado de complejidad al que haya que llegar en el análisis de la información.

En todos los estudios mencionados, se plantearon los problemas de cómo y qué intereses de los participantes se incluirían, qué clase de diálogo habría que estimular y cómo se conseguiría una deliberación que llevara a los resultados. Las evaluaciones utilizaron procedimientos diferentes para aumentar la inclusión de los intereses de los participantes y la autenticidad de los puntos de vista e intereses de los mismos. Ningún procedimiento es indiscutiblemente superior a los demás para conseguir estos objetivos. Todavía hay que inventar y poner a prueba todo un conjunto de procedimientos nuevos para llevar a cabo estas tareas.

Sin duda, en medio de estos procesos se producen transacciones y, en la actualidad, no hay unas reglas claras para realizarlas. El hecho de involucrar a los interesados en una fase puede fomentar un desequilibrio de poder que influya en los hallazgos posteriores. La participación de los interesados en el análisis de la información puede reducir la calidad técnica del estudio. La recogida de información, el análisis de la misma y los resultados pueden ser tendenciosos, igual que puede serlo la representación de los intereses de los participantes. Hay un espacio considerable para el juicio profesional sobre cómo diseñar y gestionar estas actividades.

De todos modos, estas evaluaciones tratan de incluir las

preocupaciones de los interesados principales, comprobar los puntos de vista auténticos de los interesados y facilitar una deliberación conjunta que conduzca a unos resultados válidos. Admitamos que estos procedimientos están menos refinados y comprobados que los procedimientos técnicos de recogida y análisis de información, elaborados durante las últimas décadas. Queda mucho trabajo por hacer y serán muchos los evaluadores que no se encuentren cómodos abriendo nuevos caminos. Quizá la trayectoria más prudente consista en la prueba paulatina de las nuevas ideas de los más adelantados.

Un ejemplo hipotético

Veamos un ejemplo hipotético, de especial interés en la sociedad norteamericana: el agrupamiento de alumnos en las escuelas según sus capacidades. Supongamos que el *Centennial School Board* ha sido sustituido por una facción conservadora, desde el punto de vista educativo, que considera que la actual administración escolar y el anterior consejo escolar están demasiado preocupados por las minorías en el distrito escolar. El nuevo consejo es partidario de restaurar el agrupamiento por capacidades en las escuelas, eliminado durante el régimen anterior. El agrupamiento por capacidades goza de popularidad entre los profesionales que gozan de una movilidad social ascendente y trabajan en la pujante industria local de alta tecnología y entre los profesores de la universidad del lugar.

Por seis votos contra tres, el nuevo consejo escolar ordena al superintendente que instaure el agrupamiento por capacidades en las escuelas medias, en lenguaje, matemáticas y ciencias naturales. Los mayores grupos minoritarios son los hispanos recién llegados de Centro y Sudamérica y los hmong del sudeste asiático. Los activistas hispanos de la comunidad se oponen a la nueva norma y así lo proclaman,

© Ediciones Morata, S. L.

mientras que los hmong guardan silencio. La mayoría de los profesionales y universitarios angloparlantes de clase media están a favor de la nueva política y también lo proclaman. El superintendente escolar, sometido también a las críticas del nuevo consejo escolar, cree que es el momento para hacer una evaluación de la nueva política. Pide a la universidad que realice la evaluación. Los evaluadores de la universidad emprenden el estudio, a sabiendas de las presiones políticas que recaen sobre él. Teniendo en cuenta el contexto del programa y de la evaluación, ¿cómo deben proceder?

En general, los evaluadores son responsables de la investigación del pertinente conjunto de investigaciones sociales en relación con el cual pueden comprenderse y compararse los programas. Los evaluadores también son responsables de interpretar esa investigación y juzgar sus méritos. Al hacerlo, se les pide que sean *objetivos* o *no tendenciosos*, en el sentido de que basen esos juicios en principios metodológicos y morales defendibles y no en el de renunciar a presentar sus propios juicios.

Sólo en raras ocasiones, los programas o políticas serán tan innovadores que no existan investigaciones que puedan relacionarse con ellos, y así ocurre con el agrupamiento por capacidades. Aunque se discuta, gran parte de las investigaciones critica el agrupamiento por capacidades, basándose en el criterio moral y político de que niega la igualdad de oportunidades a los alumnos asignados a los grupos de inferior capacidad (p. ej.: OAKES, 1985; WHEELOCK, 1992). Por otra parte, esta investigación tiene sus propias debilidades metodológicas.

Esta información podría constituir un problema para la evaluación. Si un evaluador creyera sin la menor duda que el agrupamiento según las capacidades de los alumnos es un error y un mal sin paliativos, su evaluación del programa *Centennial* sería una pérdida de tiempo. Lo mismo podría decirse de un evaluador que apoyara de forma decidida el agrupamiento por capacidades en cualquier circunstancia. En ambos

© Ediciones Morata, S. L.

casos, la conclusión sería un hecho consumado. Esto no quiere decir que la bondad o no de la práctica del agrupamiento por capacidades sea radicalmente indecidible, sino que, en cualquiera de las circunstancias anteriores, la evaluación sería inadecuada. Los casos en los que no haya un desacuerdo acerca de la defendibilidad de la práctica no necesitan evaluarse, por regla general; por ejemplo, no tiene sentido evaluar la petición de que los afronorteamericanos asistan a escuelas segregadas racialmente.

Para que un programa o política sea objeto adecuado de evaluación, debe ser opinable su aceptabilidad moral y su eficacia. No obstante, sería mucho pedir a los evaluadores que no tuvieran opinión acerca de los programas o políticas que sometieran a evaluación. De hecho, a menudo, los evaluadores son expertos en los campos que investigan. En el caso del programa *Centennial*, en la medida en que los evaluadores fuesen capaces de suspender el juicio, podrían tener una inclinación inicial a favor o en contra de la práctica del agrupamiento por capacidades y, sin embargo, llevar a cabo una buena evaluación. La clave para evitar los sesgos consiste en garantizar que se reflejen con imparcialidad las afirmaciones y las pruebas de signos opuestos.

En la concepción democrática deliberativa, las afirmaciones y pruebas contrapuestas deben evaluarse en relación con los requisitos de la representación inclusiva, el diálogo y la deliberación, prestando especial atención a los grupos que carecen de poder. En la evaluación *Centennial*, sería importante alertar a los interesados, sobre todo a las minorías de los hispanos y los hmong, con respecto a las investigaciones que indican que, con frecuencia, las minorías están desproporcionadamente representadas en los grupos de inferior capacidad y que la inclusión en los grupos de inferior capacidad está relacionada a menudo con una baja autoestima, así como con menores oportunidades de acceder a la enseñanza superior y a unos empleos deseables.

Es obvio que han de incluirse los intereses del nuevo consejo escolar, las minorías, la oposición al consejo escolar, los administradores, los docentes, los padres y los mismos niños. ¿Está en juego algún interés público más general? ¿Tienen la sociedad o el Estado algún interés concreto en esta materia? No está muy claro.

Los evaluadores pueden representar en la evaluación a estos interesados de distintas maneras, desde la encuesta individual a cada uno de ellos hasta su participación en la recogida de información, manteniendo un adecuado equilibrio. Sin duda, en este caso, los puntos de vista de las minorías son importantes y es poco probable que las minorías se presten de forma voluntaria a trabajar en la evaluación, sobre todo los hmong. Si los evaluadores abren la evaluación a quienes puedan trabajar en la recogida de datos, casi seguro que predominará la clase media profesional angloparlante.

Es evidente que los intereses de quienes pertenecen a la clase profesional son importantes, pero, ¿acaso hay que dejar que estos interesados desempeñen un papel en la realización de la evaluación, aumentando así su ya poderosa influencia? Los evaluadores deben hacer algunos juicios acerca de la influencia que pueda ejercer cada grupo interesado. Los evaluadores no pueden evitar esta cuestión.

Por otra parte, los evaluadores no pueden suponer que conocen las opiniones de los miembros de las minorías de esta comunidad sin hablar con las personas interesadas. ¿Pueden hablar con ellas y conseguir una representación auténtica de sus puntos de vista y sus intereses? Es posible que a la mayoría de los miembros de estos grupos les asusten las autoridades. Los evaluadores podrían decidir involucrar a los líderes de los grupos minoritarios, a sabiendas de que quizá no representan los intereses reales de sus grupos más que los políticos representen los intereses reales del público. Sin embargo, dadas las circunstancias, quizá sea éste el compromiso al que puedan llegar. Los evaluadores tienen que hacer frente a las limitaciones prácticas.

Los evaluadores conciertan entrevistas con todos los

miembros del consejo escolar, los líderes de los grupos minoritarios, el superintendente y su personal clave y los líderes de los grupos de padres. Es obvio que los intereses más destacados en este caso son los de los niños, pero, ¿pueden los niños expresar unas opiniones bien informadas acerca de los agrupamientos de acuerdo con las capacidades de los alumnos? Los evaluadores creen que, en este grupo de edad, no es posible. Piensan que han abordado a los principales interesados. Por supuesto, están los negocios de la comunidad, pero los evaluadores no consideran que sus intereses se vean influidos en el mismo grado por esta cuestión concreta.

Además, están los intereses del público en general. ¿El agrupamiento por capacidades afecta significativamente al público? ¿Aumenta la desigualdad de manera más general en la sociedad de un modo que afecte el interés público o es críticamente importante que las escuelas contribuyan a que se desarrollen los futuros científicos necesarios para el bienestar nacional? Si esta evaluación supusiera la consideración de una política orientada a toda la nación, los evaluadores podrían preocuparse más por estas cuestiones, pero dudan que sea posible ocuparse del interés nacional ciñéndose a *Centennial* en exclusiva. Por supuesto, todas estas decisiones son de carácter profesional.

Los evaluadores deben tomar ciertas precauciones en las entrevistas y al registrar los intereses de los diversos grupos implicados y también para garantizar que los puntos de vista representados sean auténticos. Sería aconsejable que encuestaran de alguna manera a los padres de los alumnos, sin dar por supuesto que las facciones del consejo escolar representen todos los intereses de los padres en general. Si duda, hacer esto es difícil y caro. Quizá los evaluadores puedan concertar reuniones con grupos locales de padres de distintas partes del distrito escolar. Con ello se corre el riesgo de una representación deformada, pero una encuesta a gran escala de todo el distrito sería demasiado costosa.

© Ediciones Morata, S. L.

Con toda esta información, los evaluadores establecen los criterios de la evaluación: rendimiento educativo, composición de los grupos ordenados por capacidades, consecuencias sociales y oportunidades educativas adquiridas o perdidas para el futuro. Es aconsejable que los evaluadores comprueben estos criterios con los distintos grupos interesados para ver si se ha pasado por alto algo importante. La cuestión no consiste en conseguir el acuerdo entre los grupos, sino en informar la evaluación. Suponemos que hay un conjunto de conclusiones correctas o erróneas y que el logro del consenso no es el objetivo de la evaluación. Los evaluadores podrían lograr la aquiescencia y estar equivocados.

¿Cómo han de participar en la evaluación los distintos grupos? Como pusieron de manifiesto los ejemplos anteriores, hay muchas posibilidades, pero los evaluadores pueden optar a propósito por recoger y analizar los datos por medio de un personal profesional de evaluación para evitar las quejas relativas a una presunta contaminación de los resultados. Prevén que los resultados surgirán en una situación muy politizada y que, en consecuencia, tendrán que ser defendibles desde un punto de vista metodológico. Si los evaluadores dejan que algunos grupos participen en determinados aspectos del estudio, éste podrá quedar en entredicho en su totalidad.

Cuando dispongan de los resultados, los evaluadores tendrán que participar en las deliberaciones críticas sobre ellos. Si se limitan a presentar los resultados al consejo escolar, hay muchas oportunidades de que se acepte o rechace por seis votos contra tres, sin prestarles suficiente atención. Quizá sea mejor que los evaluadores concierten reuniones de barrio en las escuelas locales y presenten los resultados a pequeños grupos de padres y grupos cívicos antes de hacerlo ante los medios de comunicación. Así, estos grupos tendrán tiempo y orientaciones suficientes para sopesar lo que tengan que ganar y que perder con el agrupamiento por capacidades. Por último, los evaluadores podrían llevar a

© Ediciones Morata, S. L.

cabo una presentación formal de los resultados ante el consejo escolar en pleno, con la adecuada cobertura de los medios de comunicación.

Desde ese momento, corresponderá al consejo escolar, a la administración escolar, a los padres y a los medios discutir las decisiones que haya que tomar sobre el agrupamiento por capacidades. Los evaluadores habrán hecho su trabajo de realizar una evaluación relativa a la conveniencia o no del agrupamiento según las capacidades de los alumnos y no les corresponde tomar las decisiones que afecten al distrito. Además, puede que desempeñen una función informativa añadida. En todo caso, habrán examinado las cuestiones relevantes, realizado la evaluación y llegado a unas conclusiones, incluyendo los puntos de vista y los intereses apropiados, participando en un diálogo auténtico y promoviendo una deliberación suficiente de cada una de las partes.

Por supuesto, desde un punto de vista teórico, todo esto es imperfecto. Es posible que los evaluadores no hayan incluido a todos los grupos principales, no hayan facilitado suficiente tiempo para la deliberación ni garantizado la constancia de los auténticos puntos de vista de algunas minorías. Ése es el imperfecto mundo de la práctica de la evaluación. Nunca se ha hecho un estudio que no pueda criticarse. Lo que sí pueden decir estos evaluadores es que han hecho unos esfuerzos ímprobos para mantener la vigencia de los principios democráticos deliberativos y que la información resultante ha proporcionado una base mucho mejor para la comprensión pública y la decisión que la que se hubiese tenido a falta de la evaluación.

© Ediciones Morata, S. L.

CONCLUSIÓN

El papel de la evaluación en la sociedad

A lo largo de nuestra exposición en este volumen, hemos dado por supuesto que la evaluación debe estar al servicio de la democracia. En vez de defender la democracia como tal, hemos asumido la tarea más modesta de explicar y examinar críticamente las distintas concepciones de la democracia que están incorporadas a los principales enfoques de la evaluación, en particular las concepciones ejemplificadas por la concepción heredada, el relativismo radical, el postmodernismo y la concepción democrática deliberativa. En esta conclusión, volvemos sobre nuestros temas principales, que amplificamos, respecto a la evaluación en las democracias.

Democracia deliberativa

Las sociedades democráticas y capitalistas avanzadas han desarrollado unas instituciones formidables y muy sofisticadas de publicidad, relaciones públicas y medios de comunicación de masas. Las propuestas y contrapropuestas de productos, programas, políticas y actuaciones son tan densas y rápidas que, con frecuencia, los ciudadanos no pueden distinguir lo verdadero de lo que no lo es. Incluso la política democrática ha entrado con paso firme en las campañas publicitarias en las que 30 segundos de bites sonoros suplantan un debate razonado. Con excesiva frecuencia, la política seria se convierte en anuncios pagados.

En la medida en que esas sociedades dependan del juicio razonado de sus ciudadanos (y creemos que así es), el bienestar social está amenazado por el caos y la confusión que generan estas nuevas dinámicas sociales de los medios de comunicación de masas. Se hace imprescindible la existencia de tradiciones, como la evaluación, que faciliten un conocimiento bien fundado sobre cuestiones críticas de la sociedad, como los productos, programas, políticas y actuaciones que merezcan la pena. Sobre la base de unos conocimientos sólidos, los ciudadanos pueden hacer juicios informados de los problemas públicos, sin sentirse defraudados, engañados ni confundidos.

Los ciudadanos de a pie no tienen más capacidad para recoger datos y llevar a cabo sus propias evaluaciones que para diseñar y construir sus propias vacunas contra la gripe. Necesitan ayuda especializada y, por fortuna, está a su disposición en forma de evaluación institucionalizada. Desde luego, cuando reconocemos el carácter deseable e incluso la necesidad de una institución que produzca conclusiones profesionales de valor, nos arriesgamos a quedar a merced del fraude y la incompetencia, pero los beneficios de la evaluación profesional merecen que corramos el riesgo, igual que ocurre ante las actuaciones profesionales de médicos y abogados.

Nuestra concepción deliberativa (o cognitivista) rechaza dos supuestos que predominan en las concepciones emotivistas (o preferenciales) de la democracia. Uno es que los ciudadanos de las democracias sólo son responsables del cumplimiento de sus propias preferencias y no de sus ideas sobre lo que deba hacerse, más en general (HURLEY, 1989). En la concepción emotivista, el objetivo de las instituciones democráticas consiste en poner de manifiesto las preferencias de los ciudadanos, hallar formas de satisfacer esas preferencias y, si hace falta, regular los conflictos entre ellas. La segunda idea que rechazamos es que la democracia debe ser independiente de cualquier concepción particular de una vida correcta o de lo que dé valor a la vida. En consecuencia, las instituciones democráticas no deben limitarse a recoger y resumir las preferencias individuales, con independencia de cuáles sean. Hay una diferencia crítica entre unos contenidos y otros de esas preferencias. Algunas pueden ser ademocráticas.

En la concepción democrática deliberativa, los ciudadanos deben expresar sus creencias sobre lo que deba hacerse, sin reducirse a la satisfacción de sus propias preferencias, y las instituciones democráticas deben facilitar los medios para llegar a conocer lo que deba hacerse. Este conocimiento debe ser verdadero y objetivo, en el sentido que hemos utilizado aquí, aunque no siempre sea fácil comprobar la verdad, y saber que lo que *no* es verdadero puede ser tan valioso como saber lo que sí lo es. También debe quedar claro que *objetivo* no significa *axiológicamente neutro*.

Por tanto, desde nuestro punto de vista, tiene sentido hacer una división epistémica de trabajo para facilitar la deliberación sobre las cuestiones públicas en una democracia. Estas instituciones cognitivas deben promover la deliberación y ayudar a los ciudadanos a formar unas creencias precisas sobre lo que deba hacerse. El resultado debe ser la autodeterminación social, la determinación a través de la deliberación colectiva y no una mera autodeterminación individual.

Desde luego, esa división epistémica de trabajo no debe suplantar otras formas democráticas de decisión, como las que pasan por las votaciones o las compras en los mercados. En cambio, debe completar otros procesos de decisión educando a los ciudadanos con respecto a la valía social. En vez de basar las decisiones en sus valores a priori, los ciudadanos pueden llegar a descubrir que sus valores han cambiado

© Ediciones Morata, S. L.

durante la deliberación y que ahora ven su propio interés de otra forma, quizá de un modo más público.

En cierto sentido, nuestra idea del papel social de la evaluación es una extensión del que avanzara Donald CAMPBELL en sus primeros tiempos. En una época más tranquila, CAMPBELL propuso que los evaluadores descubrieran la eficacia de los programas sociales que pudieran mejorar la sociedad. La diferencia es que él creía que no teníamos que hacer más que elegir los valores que apoyar; no había manera de llegar a esos valores mediante la razón.

En una época más controvertida, proponemos que la evaluación ayude a informar qué valores (y evaluaciones) deban tenerse en cuenta, mediante unos procedimientos razonados, enmarcados por los conceptos y principios democráticos, conceptos y principios sujetos también a discusión, debate y revisión. Desde nuestro punto de vista, no hay una separación neta de datos, que pueda determinar la evaluación, y valores, que no pueda determinar. Como los datos y los valores no constituyen dos campos separados, la evaluación puede ayudar a determinar unas conclusiones que sean una combinación de ambos.

Características de la evaluación

Para que la evaluación sea una práctica (o tradición) que facilite una deliberación democrática eficaz sobre los programas sociales, debe haber una concepción defendible (aunque no necesariamente incontrovertible) de la democracia. Hemos dicho que no bastan la democracia emotiva, el hiperigualitarismo y el hiperpluralismo. Ninguno de ellos logra reducir los desequilibrios de poder que comprometen gravemente la deliberación democrática. Al hacer suya de alguna manera la tesis de la indecidibilidad de los valores, malinterpreta la categoría epistemológica de los valores y el papel que éstos desempeñan en los estudios de evaluación.

Rechazamos la tesis de la indecidibilidad de los valores y, en consecuencia, no tenemos razones para abstenernos de presentar argumentos y hacer juicios relativos a los méritos de otras concepciones de la democracia para desarrollar la perspectiva deliberativa de la misma. Esta concepción establece una concepción igualitaria (o basada en las necesidades) de la justicia que trata de igualar el poder al llegar a conclusiones evaluativas. En resumen, esta concepción presenta tres requisitos generales: inclusión, diálogo y deliberación. Estos requisitos se solapan y son interdependientes y cada uno de ellos tiene un significado "cargado", que se ajusta a la manifiesta desigualdad que caracteriza la sociedad contemporánea.

El requisito de inclusión exige que la presencia de los interesados no sólo sea nominal, que éstos no sean simples nombres cuyas voces no se escuchen o, que aunque se escuchen, no se tomen en serio. El requisito de diálogo amplía esta concepción de inclusividad. El diálogo va más allá de hacer que se escuchen diferentes puntos de vista para incluir procesos de intercambio que refuercen la comprensión mutua y perfeccionen las perspectivas de los participantes. El requisito de la deliberación centra el diálogo en relación con el razonamiento evaluativo, utilizando al máximo los cánones metodológicos de la evaluación.

Se pretende que la concepción democrática deliberativa se aplique a la evaluación en general, como *institución*, y no sólo a determinados ambientes de evaluación y participantes en ellos. Creemos que las perspectivas disciplinadas y metodológicamente complejas que puede aplicar la evaluación a problemas sociales complejos pueden mejorar de forma espectacular la deliberación democrática. En una época de engaños importantes y de reducción indiscriminada de reivindicaciones diversas a la categoría de "intereses especiales" —en la que se tratan por igual las reivindicaciones de los banqueros, los productores de tabaco, los pobres y las mujeres—, la evaluación puede desempeñar un papel de vigilancia crucial.

© Ediciones Morata, S. L.

Ahora bien, este papel requiere que la evaluación asuma la dirección moral y política que proporciona la concepción democrática deliberativa. Al presentar esta perspectiva, se nos puede acusar de infectar la evaluación con partidismos y sesgos. Sin embargo, esa afirmación sólo puede mantenerse si se afirma que no es posible decidir acerca de los valores, si se presupone que *cualquier* concepción que asuma valores esenciales *tiene que* ser partidista y tendenciosa. Del hecho de que presentemos un marco de referencia axiológico esencial con el que algunos no estén de acuerdo no se deriva que estemos equivocados, y mucho menos que no pueda diferenciarse lo que esté bien o mal a ese respecto. Todo enfoque de la evaluación está inevitablemente comprometido con *alguna* concepción de la relación entre evaluación y democracia. La cuestión clave es: ¿hasta qué punto es suficiente esa concepción?

Características de los evaluadores

Los evaluadores deben ser competentes en el terreno de la metodología de la investigación social, incluyendo las destrezas y conocimientos especiales necesarios para llevar a cabo evaluaciones creíbles; deben conocer bien la historia y la deontología de su oficio y reunir otras características que, por regla general, se incluyen en aquellas listas de conocimientos y destrezas. Además, hay varias características en las que conviene hacer hincapié en relación con la concepción democrática deliberativa.

En primer lugar, los evaluadores tienen una responsabilidad fiduciaria con respecto a los participantes en las evaluaciones y al público en general sobre la utilización de sus conocimientos y destrezas para favorecer el bien público y comunicar sus hallazgos de forma inteligible. Como los evaluadores poseen unos conocimientos y destrezas especia-

© Ediciones Morata, S. L.

les, así como una autoridad especial, tienen la obligación de no abusar de su autoridad engañando al público o promoviendo subrepticiamente sus propios planes o los de otros. Como los médicos, que están obligados por el valor de promover la salud, los evaluadores están obligados por el valor de promover la democracia.

En este sentido, los evaluadores deben ser defensores de la democracia y del interés público y, por lo que ello supone, de una concepción igualitaria de la justicia. Desde nuestro punto de vista, el interés público no es estático y, con frecuencia, no identificable en principio, aunque surja (o deba surgir) a través de procedimientos democráticos adecuadamente delimitados, en los que la evaluación tiene que desempeñar un papel. Como los evaluadores deben ser defensores de la democracia y del interés público, no deben defender a determinados grupos participantes cuyos intereses manifiestos parezcan insensibles ante la evidencia y se promuevan contra viento y marea. Los evaluadores tampoco deben desempeñar la función de facilitadores neutrales, sin tener en cuenta las consecuencias democráticas.

En segundo lugar, los evaluadores deben ser negociadores avisados, dispuestos a comprometerse. Sin embargo, en vez de ser simples funcionarios que cumplan las órdenes de los poderes de turno, deben fijar unos márgenes que delimiten hasta dónde pueda llegar el compromiso y *rechazar* compromisos con los motivos injustificados, egoístas y moralmente objetables que puedan esgrimir los interesados. No basta con hacer sólo lo que sea práctico.

En tercer lugar, los evaluadores deben tomar partido ante aspectos morales y políticos fundamentales y, si es preciso, deben hacerlo con independencia de los interesados. No deben permitir que los clientes y los patrocinadores determinen en exclusiva los valores que hayan de tenerse en cuenta en las evaluaciones (House, 1993). Todos los valores han de someterse a revisión.

Terminamos este libro con lo que a muchos parecerá una afirmación atrevida: la evaluación es tan buena o tan mala como lo sea el marco axiológico de referencia en el que se encuadre, del mismo modo que será tan buena o tan mala como la metodología de investigación que utilice. En realidad, no se pueden desligar.

Bibliografía

ALKIN, M. C. (1997). "Stakeholder concepts in program evaluation". En A. REYNOLDS y H. WALBERG (Eds.), *Evaluation for educational productivity.* Greenwich, CT:JAI.
—, ADAMS, K. A., CUTHBERT, M. y WEST, J. G. (1984). *External evaluation report of the Caribbean Agricultural Extension Project: Phase III.* Minneapolis: Caribbean Agricultural Extension Project.
ARONOWITZ, S. y GIROUX, H. A. (1990). *Postmodern education: Politics, culture, and social criticism.* Minneapolis: University of Minnesota Press.
AYER, A. J. (1936). *Language, truth and logic.* Nueva York: Dover. (Trad. cast.: *Lenguaje, verdad y lógica.* Valencia, Servei de Publications de la Universitat de València, 1991, también: Barcelona, Orbis, 1985, 2.ª ed.)
BARBER, B. (1992). *An aristocracy of everyone.* Nueva York: Ballantine.
BHASKAR, R. (1986). *Scientific realism and human emancipation.* Londres: Verso.
BRYK, A. S. (Ed.) (1983). "Stakeholder-based evaluation [Special issue]". *New Directions for Program Evaluation, 17.*
CAMPBELL, D. (1974, septiembre). *Quantitative knowing in action research.* Kurt Lewin Award Address, Society for the Psychological Study of Social Issues, presentado en la asamblea de la American Psychological Association, New Orleans.

CAMPBELL, D. (1982). "Experiments as arguments". En E. R. HOUSE, S. MATHISON, J. A. PEARSOL, y H. PRESKILL (Eds.), *Evaluation studies review annual* (Vol. 7, págs. 117-128). Beverly Hills, CA: Sage.

CHELIMSKY, E. (1998). "The role of experience in formulating theories of evaluation practice". *American Journal of Evaluation, 19,* páginas 35-55.

CONSTAS, M. A. (1998). "The changing nature of educational research and a critique of postmodernism". *Educational Researcher, 27*(2), págs. 26-33.

COUSINS, J. B., y EARL, L. M. (1995). *Participatory evaluation in education: Studies in evaluation use and organizational learning.* Londres. Palmer.

— y WHITMORE, E. (1998). "Framing participatory evaluation". En E. WHITMORE (Ed.), "Understanding and practicing participatory evaluation [Special issue]". *New Directions in Evaluation, 80,* páginas 5-23.

DOUGHERTY, K. C. (1993). *Looking for a way out: Women on welfare and their educational advancement.* Conferencia doctoral inédita, University of Colorado, Boulder.

FAY, B. (1975). *Social theory and political practice.* Londres: Unwin Hyman.

FETTERMAN, D., KAFTARIAN, S. J., y WANDERSMAN, A. (Eds.) (1996). *Empowerment evaluation: Knowledge and tools for self-assessment and accountability.* Thousand Oaks, CA: Sage.

FISCHER, F. (1980). *Politics, values, and public methodology: The problem of methodology.* Boulder, CO: Westview.

FOUCAULT, M. (1987). "Questions of method: An interview with Michel Foucault". En K. BAYNES, J. BOHMAN, y T. MCCARTHY (Eds.), *After philosophy: End or transformation?* (págs. 100-117). Cambridge: MIT Press.

FOURNIER, D. M. (1995). "Establishing evaluative conclusions: A distinction between general and working logic". En D. M. FOURNIER (Ed.), "Reasoning in evaluation: Inferential links and leaps [Special issue]". *New Directions for Evaluation, 68,* págs. 15-32.

FRANKENA, W. J. (1967). "Value and valuation". En P. EDWARDS (Ed.), *Encyclopedia of philosophy* (Vol. 8, págs. 229-232). Nueva York: Macmillan.

GARRAWAY, G. B. (1995). "Participatory evaluation". *Studies in Educational Evaluation, 21,* págs. 85-102.
GREENE, J. C. (1988). "Stakeholder participation and utilization in program evaluation". *Evaluation Review, 12,* págs. 91-116.
— (1997). "Evaluation as advocacy". *Evaluation Practice, 18,* páginas 25-35.
GUBA, E. G., y LINCOLN, Y. S. (1989). *Fourth generation evaluation.* Newbury Park, CA: Sage.
GUTMANN, A. (1987). *Democratic education.* Princeton, NJ: Princeton University Press. (Trad. cast.: *La educación democrática. Una teoría política de la educación,* Barcelona, Paidós, 2001.)
HAHN, A. J., GREENE, J. C., y WATERMAN, C. (1994). *Educating about public issues.* Trabajo para la Kellogg Foundation, Cornell University, Ithaca, NY.
HAUG, P. (1996). "Evaluation of government reforms". *Evaluation, 2,* páginas 417-320.
HOUSE, E. R. (1980). *Evaluating with validity.* Beverly Hills, CA: Sage. (Trad. cast.: *Evaluación, ética y poder.* Madrid, Morata, 2000, 3.ª ed.)
— (1990). "Realism in research". *Educational Researcher, 20*(5), páginas 2-9.
— (1993). *Professional evaluation: Social impact and political consequences.* Newbury Park, CA: Sage.
— (1997). "The problem of values in evaluation". *Evaluation Journal of Australasia, 8*(1), págs. 3-14.
—, y HOWE, K. R. (1998). "Advocacy in evaluation". *American Journal of Evaluation, 19,* págs. 233-236.
HOWE, K. R. (1985). "Two dogmas of educational research". *Educational Researcher, 14*(8), págs. 10-18.
— (1988). "Against the quantitative-qualitative incompatibility thesis (or dogmas die hard)". *Educational Researcher, 17*(8), páginas 10-16.
— (1992). "Getting over the quantitative-qualitative debate". *American Journal of Education, 100,* págs. 236-256.
— (1995). "Democracy, justice and action research: Some theoretical developments". *Educational Action Research, 3,* págs. 347-349.
— (1998). "The interpretive turn and the new debate in education". *Educational Researcher, 27*(8), págs. 13-20.

© Ediciones Morata, S. L.

HUME, D. (1978). *A treatise of human nature.* Oxford: Oxford University Press. (Trabajo original publicado en 1739). (Trad. cast.: *Tratado de la naturaleza humana,* Madrid, Tecnos, 1988.)
HURLEY, S. L. (1989). *Natural reasons: Personality and polity.* Nueva York: Oxford University Press.
KARLSSON, O. (1996). "A critical dialogue in evaluation: How can interaction between evaluation and politics be tackled?". *Evaluation, 2,* págs. 405-416.
— (1998). "Socratic dialogue in the Swedish political context". En T. A. SCHWANDT (Ed.), "Scandinavian perspectives on the evaluator's role in informing social policy [Special issue]". *New Directions for Evaluation, 77,* págs. 21-38.
KUHN, T. S. (1962). *The structure of scientific revolutions.* Chicago: University of Chicago Press. (Trad. cast.: *La estructura de las revoluciones científicas,* Madrid, Fondo de Cultura Económica, 2000, 14.ª ed.)
— (1977). *The essential tension.* Chicago: University of Chicago Press. (Trad. cast.: *La tensión esencial. Estudios selectos sobre la tradición y el cambio en el ámbito de la ciencia,* Madrid, Fondo de Cultura Económica, 1993, 2.ª reimpr.)
KYMLICKA, W. (1990). *Contemporary political theory: An introduction.* Nueva York: Oxford University Press. (Trad. cast.: *Filosofía política contemporánea,* Barcelona, Ariel, 1995.)
— (1991). *Liberalism, community and culture.* Nueva York: Oxford University Press.
LINDBLOM, C. E. (1977). *Politics and markets.* Nueva York: Basic Books.
LYOTARD, J. F. (1984). *The postmodern condition: A report on knowledge* (G. BENNINGTON y B. MASUMI, Trads.). Minneapolis: University of Minnesota Press. (Trad. cast.: *La condición postmoderna,* Madrid, Cátedra, 1989, 4.ª ed.)
— (1987). "The postmodern condition". En K. BAYNES, J. BOHMAN, y T. MCCARTHY (Eds.), *After philosophy: End or transformation?* (págs. 67-94). Cambridge: MIT Press.
MABRY, L. (1997) (Ed.). *Evaluation and the postmodern dilemma.* Greenwich, CT:JAI.
MACDONALD, B. (1977). "A political classification of evaluation studies". En D. HAMILTON (Ed.), *Beyond the numbers game* (págs. 224-227). Londres: Macmillan.
—, y SANGER, J. (1982). "Just for the record? Notes towards a theo-

ry of interviewing in evaluation". En E. R. HOUSE, S. MATHISON, J. A. PEARSOL, y H. PRESKILL (Ed.), *Evaluation studies review annual* (Vol. 7, págs. 175-198). Beverly Hills, CA: Sage.
MACINTYRE, A. (1981). *After virtue.* Notre Dame, IN: University of Notre Dame Press. (Trad. cast.: *Tras la virtud,* Barcelona, Crítica, 1987.)
MADISON, A., y MARTINEZ, V. (1994, Noviembre). *Client participation in health planning and evaluation: An empowerment education strategy.* Trabajo presentado en la conferencia de la American Evaluation Association, Boston.
MARK, M. M., y SHOTLAND, L. R. (1987). "Stakeholder-based evaluation and value judgments". En D. CORDRAY y M. W. LIPSEY (Eds.), *Evaluation studies review annual* (Vol. 11, págs. 131-151). Newbury Park, CA: Sage.
MORRIS, B., y STRONACH, I. (1993). *Evaluation of the management of change: Tayside TVEI.* Stirling, Scotland: University of Stirling, Department of Education.
NOZICK, R. (1974). *Anarchy, state, and utopia.* Nueva York: Basic Books. (Trad. cast.: *Anarquía, Estado y Utopía,* México, Fondo de Cultura Económica, 1990, 2.ª ed.)
OAKES, J. (1985). *Keeping track.* New Haven, CT: Yale University Press.
PHILLIPS, D. C. (1983). "After the wake: Postpositivistic educational thought". *Educational Researcher, 12*(5), págs. 4-12.
PROPPE, O. (1979). *Dialectical evaluation.* Urbana, IL: Center for Instructional Research and Curriculum Evaluation.
PURSLEY, L. C. (1996). *Empowerment and utilization through participatory evaluation.* Conferencia doctoral inédita, Cornell University.
QUINE, W. V. (1962). *From a logical point of view* (2.ª ed.). Cambridge, MA: Harvard University Press. (Trad. cast.: *Desde un punto de vista lógico,* Barcelona, Orbis, 1985, 2.ª ed.)
— (1970). "The basis of conceptual schemes". En C. LANDESMAN (Ed.), *The foundations of knowledge* (págs. 160-172). Englewood Cliffs, NJ: Prentice Hall.
RABINOW, P., y SULLIVAN, W. (1979). "The interpretive turn: Emergence of an approach". En P. RABINOW y W. SULLIVAN (Eds.), *Interpretive social science* (págs. 1-21). Los Ángeles: University of California Press.

Rawls, J. (1971). *A theory of justice.* Cambridge, MA: Belknap. (Trad. cast.: *Teoría de la justicia,* Madrid, Fondo de Cultura Económica, 1997, 2.ª ed.)
Rogers, P., y Owen, J. (1995, Noviembre). *Sources of criteria in evaluations.* Conferencia pronunciada en la Universidad de Colorado, Boulder, School of Education.
Rorty, R. (1979). *Philosophy and the mirror of nature.* Princeton, MJ: Princeton University Press. (Trad. cast.: *La filosofía y el espejo de la naturaleza,* Madrid, Cátedra, 1983.)
— (1982). "Method, social science and social hope". En R. Rorty, *Consequences of pragmatism.* Minneapolis: University of Minnesota Press. (Trad. cast.: "Método, ciencia social y esperanza social", en R. Rorty: *Consecuencias del pragmatismo,* Madrid, Tecnos, 1996.)
Schwandt, T. A. (1997). "Evaluation as practical hermeneutics". *Evaluation, 3,* págs. 69-83.
Scriven, M. (1969). "Logical positivism and the behavioral sciences". En P. Achenstein y S. Baker (Eds.), *The legacy of logical positivism* (págs. 195-210). Baltimore: John Hopkins University Press.
— (1972). "Objectivity and subjectivity in educational research". En L. G. Thomas (Ed.), *Philosophical redirection of educational research* (págs. 94-142). Chicago: National Society for the Study of Education.
— (1973). "Goal-free evaluation". En E. R. House (Ed.), *School evaluation* (págs. 319-328). Berkeley, CA: McCutchan.
— (1980). *The logic of evaluation.* Inverness, CA: Edgepress.
— (1986). "New frontiers of evaluation". *Evaluation Practice, 7,* páginas 7-44.
— (1991). *Evaluation thesaurus.* Newbury Park, CA: Edgepress.
— (1994). "The final synthesis". *Evaluation Practice, 15,* págs. 367-382.
Shadish, W., Cook, T., y Leviton, L. (1995). *Foundations of program evaluation.* Thousand Oaks, CA: Sage.
Stake, R. E. (1984). "Program evaluation, particularly responsive evaluation". En G. F. Madaus, M. Scriven, y D. L. Stufflebeam (Eds.), *Evaluation models* (págs. 287-310). Boston: Kluwer-Nijhoff. [Trad. cast.: "La evaluación de programas, en especial la evaluación de réplica", en W. B. Dockrell y D. Hamilton (Eds.): *Nuevas reflexiones sobre la investigación educativa,* Madrid, Narcea, 1983, págs. 91-108.]

STAKE, R. E. (1986). *Quieting reform: Social science and social action in an urban youth program.* Chicago: University of Illinois Press.
— (1995). *The art of case study research.* Thousand Oaks, CA: Sage. (Trad. cast.: *Investigación con estudio de casos,* Madrid, Morata, 1999, 2.ª ed.)
—, MIGOTSKY, C., DAVIS, R., CISNEROS, E. J., DEPAUL, G., DUNBAR, C., JR., FARMER, R., FELTOVICH, J., JOHNSON, E., WILLIAMS, B., ZURITA, M., y CHAVES, I. (1997). "The evolving synthesis of program value". *Evaluation Practice, 18,* págs. 89-109.
STRONACH, I. (1997). "Evaluation with the ligths out: Deconstructing illuminative evaluation and new paradigm research". En L. MABRY (Ed.), *Evaluation and the postmodern dilemma* (páginas 21-39). Greenwich: CT:JAI.
— y MACLURE, M. (1997). *Educational research undone: The postmodern embrace.* Philadelphia: Open University Press.
TAYLOR, C. (1987). "Interpretation and the sciences of man". En P. RABINOW y W. SULLIVAN (Eds.), *Interpretive social science: A second look* (págs. 33-81). Los Ángeles: University of California Press.
— (1995). *Philosophical arguments.* Cambridge MA: Harvard University Press. (Trad. cast.: *Argumentos filosóficos: ensayos sobre el conocimiento, el lenguaje y la modernidad,* Barcelona, Paidós, 1997.)
TAYLOR, P. W. (1961). *Normative discourse.* Englewood Cliffs, NJ: Prentice Hall.
URMSON, J. O. (1968). *The emotive theory of ethics.* Oxford: Oxford University Press.
WALZER, M. (1983). *Spheres of justice.* Nueva York: Basic Books. (Trad. cast.: *Las esferas de la justicia. Una defensa del pluralismo y la igualdad,* México, Fondo de Cultura Económica, 1997.)
WEISS, C. (1983). "Toward the future of stakeholder approaches in evaluation". En A. S. BRYK (Ed.), "Stakeholder-based evaluation" [Special issue]. *New Directions for Program Evaluation, 17,* págs. 83-96.
WHEELOCK, A. (1992). *Crossing the tracks.* Nueva York: New Press.
WITTGENSTEIN, L. (1960). *The blue and brown books.* Nueva York: Harper Torchbooks. (Trad. cast.: *Los cuadernos azul y marrón,* Madrid, Tecnos, 1984.)
YOUNG, I. M. (1990). *Justice and the politics of difference.* Princeton, NJ: Princeton University Press. (Trad. cast.: *La justicia y la política de la diferencia,* Madrid, Cátedra, 2000.)

Índice de autores

ADAMS, K. A., 162, 186.
ALKIN, M. C., 156, 162, 166, 170.
ARONOWITZ, S., 120, 186.
AYER, A. J., 102, 186.

BARBER, B., 128, 186.
BHASKAR, R., 142, 186.
BRYK, A. S., 55, 156, 186.

CAMPBELL, D., 22, 67, 68, 71-75, 79-81, 83, 88, 149, 181, 186.
CHAVES, I., 21, 47, 62, 192.
CHELIMSKY, E., 112, 133-138, 162, 187.
CISNEROS, E. J., 47, 62, 192.
CONSTAS, M. A., 114, 187.
COOK, T., 22, 67-68, 70, 74, 80-81, 84-87, 89-91, 136, 149, 157, 191.
COUSINS, J. B., 154, 156, 164-166, 187.
CUTHBERT, M., 162, 186.

DAVIS, R., 21, 47, 62, 192.
DEPAUL, G., 21, 47, 62, 192.
DOUGHERTY, K. C., 167, 187.
DUNBAR, C., Jr., 21, 47, 62, 192.

EARL, L. M., 166, 187.

FARMER, R., 21, 47, 62, 192.
FAY, B., 89, 187.
FELTOVICH, J., 21, 47, 62, 192.
FETTERMAN, D., 156, 187.
FISCHER, F., 156, 187.
FOUCAULT, M., 117, 187.
FOURNIER, D. M., 47, 187.
FRANKENA, W. J., 33, 187.

GARRAWAY, G. B., 156, 188.
GIROUX, H. A., 120, 186.
GREENE, J. C., 138, 156, 163, 168, 169, 188.
GUBA, E. G., 23, 93, 95-102, 107-113, 150, 157, 188.
GUTMANN, A., 40, 41, 188.

HAHN, A. J., 163, 188.
HAUG, P., 159, 188.
HENRY, G. T., 16.
HOBBES, T., 32.
HOUSE, E. R., 16, 32, 35, 51, 80, 120, 150, 152-154, 184, 188.
HOWE, K. R., 16, 89, 103, 106, 150, 188.

© Ediciones Morata, S. L.

HUME, D., 32-35, 189.
HURLEY, S. L., 59, 179, 189.

JOHNSON, E., 21, 47, 62, 192.

KAFTARIAN, S. J., 156, 187.
KARLSSON, O., 16, 51, 156-158, 159-161, 163, 164, 189.
KUHN, T. S., 73, 103-105, 125, 189.
KYMLICKA, W., 151-153, 189.

LEVITON, L., 22, 66-67, 70, 74, 80-81, 84-87, 89-91, 136, 149, 157, 191.
LINCOLN, Y. S., 23, 93, 95-102, 107-113, 150, 157, 188.
LINDBLOM, C. E., 87, 189.
LYOTARD, J. F., 116-118, 128, 189.

MABRY, L., 114, 189.
MACDONALD, B., 120, 156, 166, 189.
MACINTYRE, A., 84, 109, 190.
MACLURE, M., 24, 44, 93, 114, 119-122, 150, 157, 169, 192.
MADISON, A., 139, 190.
MARK, M. M., 156, 190.
MARTÍNEZ, V., 139, 190.
MITGOTSKY, C., 21, 47, 62, 192.
MORRIS, B., 168, 190.
MORRIS, M., 16.

NOZICK, R., 85-86, 190.

OAKES, J., 172, 190.
OWEN, J., 55, 191.

PATTON, M. Q., 16.
PHILLIPS, D. C., 103, 190.
PLATÓN, 32, 101, 117.
PROPPE, O., 156, 190.
PURSLEY, L. C., 168, 190.

QUINE, W. V., 103-105, 190.

RABINOW, P., 93, 190.
RAWLS, J., 85-86, 151, 152, 191.
ROGERS, P., 55, 191.
RORTY, R., 78, 83, 106, 191.

SANGER, J., 166, 189.
SCHWANDT, T. A., 156, 191.
SCRIVEN, M., 21, 34, 37, 45, 47, 62, 76, 80, 106, 142-144, 156, 191.
SHADISH, W., 22, 67-70, 74, 80-81, 84-87, 89-91, 136, 149, 157, 191.
SHOTLAND, L. R., 156, 190.
SÓCRATES, 13, 32.
STAKE, R. E., 16, 21, 36-37, 47, 62, 77, 120, 135, 156, 165, 191.
STRONACH, I., 24, 44, 93, 114, 119-122, 150, 157, 168, 169, 190, 192.
SULLIVAN, W., 93, 190.

TAYLOR, C. C., 84, 94, 124-127, 192.
TAYLOR, P. W., 54, 192.
TRASÍMACO, 32.

URMSON, J. O., 53, 192.

WALZER, M., 125, 192.
WANDERSMAN, A., 156, 187.
WATERMAN, C., 163, 188.
WEISS, C., 55, 156, 192.
WEST, J. G., 162, 186.
WHEELOCK, A., 172, 192.
WHITMORE, E., 154, 156, 164-165, 187.
WILLIAMS, B., 21, 47, 62, 192.
WITTGENSTEIN, L., 82, 192.

YOUNG, I. M., 152, 192.

ZURITA, M., 21, 47, 62, 192.

© Ediciones Morata, S. L.

Índice de materias

Afirmaciones de valor. Datos y valores, 31-44.
——— Justificación de las, 108.
——— Razonamiento evaluativo, 45-63.
——— *Véase también,* Valores.
American Evaluation Association. Normas deontológicas, 69.
Antifundamentalista, 127.

Círculo hermenéutico dialéctico, 95, 110.
Concepción democrática deliberativa, 133-177.
— dialógica, 93-94.
— heredada, 21, 67-92.
— recibida y democracia emotiva, 84-92.
——— tesis de la indecibilidad radical, 71-84.
Conceptos intersubjetivos, 105-106.
Consenso, 96.
Construcción errónea, 97.
Construcciones, 100, 105, 138.
Constructivismo como acto social, 105.
— radical, 93-113.
—— Caracterización del, 91-100.
—— Datos, valores y epistemología del, 100-109.

Constructivismo radical frente a postmodernismo, 115.
—— Visiones de los valores, 150.
— *Véase también,* Visión construccionista radical.
Continuo hecho-valor, 33-38.
Criterios pragmáticos, 104.
Cuestionario "Informar y responder", 121-123.

Datos. Constructivismo radical y los, 100-109.
— Postmodernismo y los, 116-119.
— Visión recibida y los, 146.
— y valores, 31-44.
Defensa. Evaluadores y, 135, 137-138.
Deliberación. Consideración y, 168-171.
— definida, 145.
— democrática, 140.
——— *Véase también:* Evaluación democrática deliberativa.
— esencial, 59.
— Grado de, 168-171.
— Razonamiento evaluativo y, 59-63.
— reflexiva, 168.
— suficiente, 136.

© Ediciones Morata, S. L.

Demanda de BROWN contra el *Board of Education,* 86.
Democracia deliberativa, 24-27, 140.
—— en la teoría política, 151-154.
—— *Véase también:* Evaluación democrática deliberativa.
—— Visiones sobre los valores, 150.
— emotiva, 42, 84-92.
—— Teorías prescriptivas, 85-88.
—— y descripción de los medios y los grupos interesados, 88-92.
— participativa, 41.
— preferencial, 84.
—— *Véase también:* Democracia emotiva.
Descripción de los grupos interesados, 88-92.
—— — medios, 88-92.
Desequilibrios de poder, 141-142, 155, 163-164.
Destinatarios. Los interesados frente a los, 50.
— Razonamiento evaluativo y, 49-52.
Diálogo con los interesados, 165-166.
— en el método de informar y responder, 122.
Dicotomía dato-valor, 13.
—— Adhesión de CAMPBELL a la, 68.
—— Negación de la dicotomía brusca, 94.
—— Preservación de la dicotomía rígida, 73.
—— y visión recibida, 67.
Doctrina "sin valores", 31.

Ejemplo de agrupación según la capacidad, 171-177.
Enunciados evaluativos, 35-38.
—— profesionales, 35-38.
Epistemología construccionista radical, 100-109.
— interpretacionista, 127.
— postmodernista, 116-119.
Esencialismo, 124.
Evaluación. Características de la, 181-182.

Evaluación. *Cities-in-Schools,* 165.
— de necesidades, 142.
—— valor, 142.
— democrática deliberativa. Conclusión, 178-181.
—— — Cuestiones críticas sobre la, 157-160.
—— — Exigencia de inclusión de la, 141-142.
—— — Exigencia deliberativa y, 145-146.
—— — Requisito dialógico en la, 143-144.
—— — Transacciones en la, 173.
—— — *Véase también:* Democracia deliberativa. Evaluación democrática deliberativa.
—— — y valores, 40-44.
— Desequilibrios de poder y, 141-142.
—— — *Véase también:* Desequilibrios de poder.
— Giro interpretativo de la, 22.
— independiente de objetivos, 143-144.
—— — valores, 143-144.
— Interés público por la, 139.
— Papel en la sociedad de la, 178-181.
— Participación de los interesados en la, 97.
— Práctica en el postmodernismo de la, 119-124.
Evaluaciones de programas educativos, 56-59, 157-160, 164-165.
—— — públicos, 147.
Evaluador. Afirmaciones de valor del, 33.
— Apoyo de las pruebas del, 47.
— Características del, 183-185.
— Interés público y el, 26.
— Juicio del, 137.
— Opiniones del, 96.
— Participación del, 167-168.
— Problema de los valores para el, 17-27.
— y defensa, 135, 137-138.
Exigencia dialógica, 143-144.

Fenómeno de la "disculpa especial", 127.

Índice de materias

Filosofía. Teoría de la evaluación y filosofía contemporánea, 13.
Foundations of Program Evaluation (SHADISH y cols.), 74.
Fundamentalismo, 124.
Fundamentos ético-políticos, 184.

Genealogía (de FOUCAULT), 117.
Generalizabilidad, 58.
Giro interpretativo, 93, 127.

Hiper-igualitarismo, 42, 110, 112.
Hiper-pluralismo, 43-44, 128.
Homología. Paralogía frente a, 129.

Igualitarismo liberal, 151-153.
Independencia de los valores, 69.
Interacción dialógica, 23.
Interés público. Agrupación según capacidades e, 174.
—— Aparición del, 183.
—— por la evaluación, 26, 139.
Interesados. Deliberación e, 136.
— Exclusión de los, 162-163.
— Intereses de los, 142.
— Interpretaciones de los, 138.
— Los destinatarios frente a los, 50.
— Participación de los, 97.
— Razonamiento evaluativo e, 49-52.
— Representación de los, 160-161.
Intereses de los interesados, 142.
— especiales, 42.
— Necesidades frente a, 90.
— percibidos frente a los auténticos, 143.
— públicos. *Véase,* Interés público.
— Representación de los, 160.

Juicios de valor, 20.
— Evaluadores de los, 137.
— intersubjetivos, 100.
— objetivos o no sesgados, 172.
— perceptivos, 62.
— y razonamiento evaluativo, 61.
Justicia, 152-153.
Marco de referencia participativo, 153.

Metanarración, 116-117.
Minimalismo axiológico, 22. 69, 149.
Modelo *ad hominem,* 126-127.
— apodíctico, 125.

Necesidades. Intereses frente a, 90.
Neutralidad sobre los valores, 79, 180.
Normas deontológicas, 69.

Objetividad como concepto intersubjetivo, 105.
— Neutralidad con respecto a los valores frente a, 180.
Objetivistas. Positivistas como, 102.

Paradigma distributivista, 153.
Paradoja de ZENÓN, 31-32.
Paralogía. Homología frente a, 129.
Participación. Autenticidad de la, 166-167.
— Grado de, 167-168.
Perspectiva teórica, 159.
Positivismo. Alternativa quineano-kuhniana al, 103-105.
— Legado del, 20.
— Visiones de los valores del, 149.
— y verdad, 102.
—— verificabilidad, 72.
Postmoderne Condition, The (LYOTARD), 129.
Postmodernismo, 23-24, 114-130.
— Crítica del, 124-130.
— Datos, valores y epistemología en el, 116-119.
— Interpretación positiva del, 123.
— Práctica de la evaluación en el, 119-124.
— Visiones de los valores del, 150.
Práctica adecuada, 155-156.
Prejuicio. Razón práctica y, 126.
Programa de formación laboral de beneficencia, 167.
Programas del Departamento de Defensa, 134.
— sociales. Necesidades de los más perjudicados y, 87.

© Ediciones Morata, S. L.

Proyecto de la *University of West Indies*, 162.

Razón, 32-33.
— práctica, 126.
Razonamiento evaluativo, 45-63.
—— Destinatarios e interesados, 49-52.
—— Ejemplo de, 56-59.
—— Puntos de vista en el, 52-56.
—— y deliberación, 59-63.
Realidad social, 95, 108.
Refutación y verificación, 73.
Regímenes de verdad, 117, 119.
Relativismos sociológico y judicial, 99.
República, La (PLATÓN), 32.
Respuesta "de efecto indirecto", 126-127.

Saber. Afirmaciones de, 68.
— en cuanto contingente, 120.
— Perspectiva del espectador del, 116.
Sesgo, 126, 156.
Structure of Scientific Revolutions (KUHN), 73.
Subjetivismo moral, 33.
Sumarios de valor, 90, 138.

Teoría de la evaluación. Filosofía contemporánea y, 13.
— política. La democracia deliberativa en la, 151-154.
Tesis de la indecidibilidad de los valores, 87.
—————— *Véase también:* Tesis de la indecidibilidad radical.
————— radical, 71-84.
————— Afrontar la indecidibilidad, 78-81.

Tesis de la indecidibilidad radical. Persistencia de la, 81-84.
—————— *Véase también:* Tesis de la indecidibilidad de los valores.
————— y valores, 71-84.
Theory of Justice, A (RAWLS), 152.
Tipología de perspectivas, 148-150.

U.S. Agency for International Development (USAID), 162.
U.S. General Accounting Office, Program Evaluation and Methodology Division (PEMD), 133-134.

Validez transgresora, 121-124.
Valoración descriptiva, 69, 86, 91.
— prescriptiva, 69, 80.
— Significado de la, 33-84.
Valores como emergentes, 38-40.
— Problema de los, 17-27.
— Significado de los, 33-34.
— sometidos a examen, 147.
— superiores, 104.
— *Véase también:* Afirmaciones de valor.
— y datos, 31-44.
—— deliberación democrática, 40-44.
—— postmodernismo, 116-119.
—— tesis de la indecidibilidad radical, 71-84.
—— visión construccionista radical, 100-109.
Verdad, 95-96.
— Búsqueda de la, 105.
— Regímenes de, 117, 119.
— y positivismo y, 102.
Verificabilidad. Positivismo y, 72.

© Ediciones Morata, S. L.

Otras obras de Ediciones Morata de interés

Álvarez Méndez, J.: *Evaluar para conocer, examinar para excluir,* 2001.
Apple, M. W.: *Política cultural y educación,* 1996.
——— **y Beane, J. A.:** *Escuelas democráticas,* (3.ª ed.), 2000.
Beltrán, F. y San Martín, A.: *Diseñar la coherencia escolar,* 2000.
Bernstein, B.: *La estructura del discurso pedagógico,* (4.ª ed.), 2001.
——— *Pedagogía, control simbólico e identidad,* 1998.
Bruner, J.: *Desarrollo cognitivo y educación,* (4.ª ed.), 2001.
Carbonell, J.: *La aventura de innovar,* 2001.
Carr, W.: *Una teoría para la educación,* (2.ª ed.), 1999.
Cole, M.: *Psicología cultural,* 1999.
Condorcet, M. de: *Cinco memorias sobre la instrucción pública y otros escritos,* 2001.
Cook, T. D. y Reichardt, Ch.: *Métodos cualitativos y cuant.,* (4.ª ed.), 2000.
Delval, J.: *Aprender en la vida y en la escuela,* (2.ª ed.), 2001.
Dewey, J.: *Democracia y educación,* (4.ª ed.), 2001.
Donaldson, M.: *La mente de los niños,* (4.ª ed.), 1997.
Elliott, J.: *Investigación-acción en educación,* (4.ª ed.), 2000.
——— *El cambio educativo desde la investigación-acción,* (3.ª ed.), 2000.
Gimeno Sacristán, J.: *El* curriculum: *una reflexión sobre la práctica,* (7.ª ed.), 1998.
——— *La educación obligatoria: su sentido educativo y social,* (2.ª ed.), 2001.
——— *Educar y convivir en la cultura global,* 2001.
——— *La pedagogía por objetivos: obsesión para la eficiencia,* (10.ª ed.), 2000.
——— *Poderes inestables en educación,* (2.ª ed.), 1999.
——— *La transición a la educación secundaria,* (4.ª ed.), 2000.
——— **y Pérez Gómez, A. I.:** *Comprender y transformar la enseñanza,* (9.ª ed.), 2000.
Goldschmied, E. y Jackson, S.: *La educación infantil de 0 a 3 años,* 2000.
Gómez Llorente, L.: *Educación pública,* 2000.
Grundy, S.: *Producto o praxis del* curriculum, (3.ª ed.), 1998.
Hicks, D.: *Educación para la paz,* (2.ª ed.), 1999.
Jackson, Ph. W.: *La vida en las aulas,* (6.ª ed.), 2001.
Kemmis, S.: *El* curriculum: *más allá de la teoría de la reproducción,* (3.ª ed.), 1998.
Loughlin, C. E. y Suina, J. H.: *El ambiente de aprendizaje,* (4.ª ed.), 1997.
Lundgren, U. P.: *Teoría del* curriculum *y escolarización,* (2.ª ed.), 1997.
Newman, D., Griffin, P. y Cole, M.: *La zona de construcción del conoc.,* (3.ª ed.), 1998.
Pérez Gómez, A. I.: *La cultura escolar en la sociedad neoliberal,* (3.ª ed.), 2000.
Perrenoud, Ph.: *La construcción del éxito y del fracaso escolar,* (3.ª ed.), 2001.
Popkewitz, Th. S.: *Sociología política de las reformas educativas,* (2.ª ed.), 1997.
Pozo, J. I.: *Humana mente,* 2001.
Simons, H.: *Evaluación democrática de instituciones escolares,* 1999.
Stenhouse, L.: *Investigación y desarrollo del* curriculum, (4.ª ed.), 1998.
——— *La investigación como base de la enseñanza,* (4.ª ed.), 1998.
Torres, J.: *El* curriculum *oculto,* (6.ª ed.), 1998.
——— *Globalización e interdisciplinariedad: el* curriculum *integrado,* (4.ª ed.), 2000.
VV. AA.: *Volver a pensar la educación* (2 vols.), (2.ª ed.), 1999.
Walker, R.: *Métodos de investigación para el profesorado,* (2.ª ed.), 1997.
Whitty, G.; Power, S. y Halpin, D.: *La escuela, el estado y el mercado,* 1999.
Wray, D. y Lewis, M.: *Aprender a leer y escribir textos de información,* 2000.

© Ediciones Morata, S. L.